JOEL RUFINO DOS SANTOS

a inserção do negro e seus dilemas

CADERNOS
ULTRAMARES

ORGANIZAÇÃO E PROJETO GRÁFICO

Marcos Lacerda, Ana Paula Simonaci e Sergio Cohn

CONSELHO EDITORIAL

André Botelho

Bernardo Esteves

Boaventura de Souza Santos

Evelyn Goyannes Dill Orrico

Fréderic Vanderberghe

José Luis Garcia

Maria João Cantinho

Renato Rezende

Teresa Arijón

Vagner Amaro

ISBN 9786586962734

azougue press |
coordenação geral Sergio Cohn
coordenação editorial
Sergio Cohn — Darien Lamen — Cristián Jiménez Plaza
Brasil | CNPJ 12.272.339/0001-26
Portugal | Oca Editorial NF 515805394
USA | E. Id. 803650511
Chile | Tucán Ediciones RUT 77.369.106-1

A proposta dos Cadernos Ultramares é transpor fronteiras. Não apenas geográficas, com a edição de um amplo panorama do pensamento brasileiro para o público português, mas também entre as áreas do saber, criando uma coleção transdisciplinar, acessível não apenas para leitores especializado, pesquisadores e acadêmicos, como para interessados em geral.

Para isto, os Cadernos Ultramares privilegiam a leveza do ensaio, a "brigada ligeira", utilizando-se de um gênero marcado pela abertura e experimentação, uma forma privilegiada para a proposição e a apresentação de interpretações da cultura e da sociedade. Nos últimos anos, o gênero ensaio tem sido revalorizado como um importante meio de diálogo entre a pesquisa acadêmica e a sociedade.

O Brasil possui uma produção riquíssima de pensamento em diversas áreas, que vão da física à antropologia, da matemática às artes. Os Cadernos Ultramares, ao trazerem importantes textos de alguns dos nossos mais renomados pensadores, sejam clássicos ou contemporâneos, busca possibilitar ao leitor um olhar amplo e qualificado sobre essa produção.

Interessa-nos a constituição de um diálogo entre áreas, de uma conversa aberta que escape das armadilhas do pensamento especializado e do produtivismo acadêmico. Interessa, antes de tudo, a valorização do encontro do leitor com o sabor do texto, do prazer da leitura e da troca livre de pensamento.

apresentação

POR Vagner Amaro

Quando recebi o convite de Ana Paula Simonaci, para sugerir alguns pensadores negros que poderiam compor os Cadernos Ultramares, que vem desenvolvendo uma trajetória de grande êxito, ao reunir o pensamento brasileiro do século XX, o primeiro nome que veio em minha mente foi o do grande intelectual Joel Rufino do Santos, por sua brilhante trajetória como professor e escritor. Joel Rufino faz parte de uma geração de intelectuais negros que renovaram o pensamento negro no Brasil, em que se incluem Muniz Sodré, Conceição Evaristo, Sueli Carneiro, Lélia Gonzales, entre tantos outros brilhantes pensadores e pensadoras.

Joel Rufino nasceu em 1941, no bairro Cascadura, no Rio de Janeiro, filho do operário naval Antonio Rufino dos Santos e de Felicidade Flora dos Santos. Joel foi uma criança apaixonada por gibis, e a partir da leitura deles, escondido da mãe religiosa, desenvolveu uma relação de grande envolvimento com a leitura.

Na juventude, sua família se mudou para a Glória, bairro da Zona Sul do Rio de Janeiro, e então, Joel trabalhou como boy, enquanto cursava o Ensino Médio à noite. Depois, em 1960, ingressou na Faculdade Nacional de Filosofia. Em 1962, iniciou o trabalho como assistente de História Social no Iseb (Instituto Superior de Estudos Brasileiros), e por este motivo se aproximou do grupo de pesquisadores que ficou conhecido como "História Nova". Sobre este período Rufino afirma que "Em 1963, Nelson Werneck Sodré chamou um grupo de jovens estudantes para reescreverem a História do Brasil para o uso de professores secundários. No Ministério da Educação estava o Paulo de Tarso; o Roberto Pontual era o diretor do Departamento de Material Pedagógico. Ali, comandados por Sodré, a gente trabalhou uns meses e produziu sete volumes da História Nova do Brasil. Era um projeto oficial do Ministério da Educação e Cultura. Ainda tenho uma marca leve no nariz, resultado do soco de um capitão do Exército por conta da História Nova."

Quando ocorreu o golpe militar em 1964, Joel Rufino, para se proteger se exilou na Bolívia e sem seguida no Chile. Retornou em 1966 e passou a lecionar em cursinhos pré-vestibulares, primeiro no Rio de Janeiro e depois em São Paulo. Neste período passou brevemente por prisões, e em 1972, quando retornava

de São Paulo para o Rio de Janeiro para passar o Réveillon com o filho, Joel foi preso na rodoviária por ter
participado do livro *História nova do Brasil*, que pro-
punha uma ousada reforma no ensino da disciplina, e
por seu posterior envolvimento com a ALN — Aliança Libertadora Nacional, organização revolucionária
comunista criada em 1967 para combater o regime
militar. O fato foi narrado por Rufino: "Eu tive, sim,
comprometimento com a luta armada. (...) Tinha ligação com o esquema médico. Esse esquema caiu e,
inevitavelmente, eu também. Eu estava vindo ao Rio
passar o réveillon com meu filho quando fui preso na
Rodoviária. Daqui fui mandado para São Paulo e só fui
sair em meados de 1974. Fui condenado e fiquei primeiro no Presídio Tiradentes, que foi demolido, depois tive uma passagem rapidíssima pelo Carandiru e,
finalmente, no Presídio do Hipódromo, hoje também
desativado, onde cumpri a maior parte da pena. Fiquei preso um ano e meio, mais ou menos."[1]

No início dos 1980, sempre associando as atividа-
des como professor com as atividades literárias, Rufino foi convidado para lecionar Literatura, na Faculdades de Letras da UFRJ (Universidade Federal do Rio de

---

1 Os depoimentos de Joel Rufino foram retirados de entrevistas reali-
zadas pelo escritor Luiz Pimentel.

Janeiro), e como resultado da atuação que desenvolvia na imprensa da época, recebeu convites para que assumisse o cargo de assessor chefe de comunicação social do Tribunal de Justiça do Rio de Janeiro e, em seguida, do Tribunal Regional do Trabalho da 1ª Região, no Rio de Janeiro. Rufino também atuou como Diretor do Museu Histórico da Cidade, como subsecretário de Defesa e Promoção das Populações Negras, e nas Secretarias de Justiça e de Direitos Humanos.

Como escritor, publicou cerca de cinquenta livros, entre títulos infantis, juvenis, romances, ensaios, biografias, peças teatrais, estudos históricos e de ciência política. Escreveu duas minisséries para a TV. Recebeu diversos prêmios, entre ele, o Prêmio Jabuti, com o livro *Uma estranha aventura em Talalai*, em 1979, o Prêmio Orígenes Lessa na categoria "O Melhor para o Jovem", com *Quando eu voltei, eu tive uma surpresa*, em 2000, novamente o Jabuti com *O barbeiro e o judeu da prestação contra o sargento da motocicleta*, em 2008. Outro destaque na biografia de Joel Rufino foram as três indicações para o Prêmio Hans Christian Andersen, em 2004, 2006 e 2014.

Em sua bibliografia vários títulos se destacam como o juvenil *Zumbi*, de 1985, o ensaio *Carolina Maria de Jesus: uma escritora improvável*, em 2009, e textos em que refletia sobre a literatura no Brasil, como

Paulo e Virgínia: o literário e o esotérico no Brasil atual e *Quem ama literatura não estuda literatura*, em 2008. Na época do lançamento Rufino afirmou que o título era uma ironia para instigar o leitor sobre a forma como se ensina literatura. A proposta de Rufino no livro foi a de realização de mudanças do ensino universitário da literatura, pondo um fim no baixo estruturalismo que vinha pautando as práticas de ensino na área. Para Rufino, "a literatura é um capítulo da cultura, este é o seu significado. Tratá-la como um significante referido a uma estrutura, de qualquer tipo, leva um beco sem saída. A literatura não é uma especialização, mas um existencialismo. Os cursos de Letras tendem, na atualidade, a funcionar como depósito de vestibulandos não-aprovados para outros cursos. A literatura é boa demais para este fim melancólico."

Em 2015, Joel Rufino dos Santos lançou o livro de ensaios *O saber do negro*, fruto de uma pesquisa intitulada "Relações Brasil-África entre os séculos XVI e XIX", realizada pelo autor. No livro, Rufino reúne discussões sobre a história da população negra no Brasil as relações Brasil-África na atualidade, tema que acompanhou sua trajetória intelectual, e sobre o qual ele produziu artigos, ensaios e livros excepcionais. Neste sentido, o texto "A inserção do negro e seus dilemas", selecionado para este volume, é um destes momentos exemplares em que se explicita a grande força intelectual de Joel Rufino.

A reflexão do Rufino está distribuída da seguinte forma: o negro como um lugar social, descartando a noção cientificamente superada de raça; a trajetória histórica do negro e a "questão do negro" como questão nacional, situando-a como componente da crise brasileira. A partir destes tópicos, Rufino elabora uma conceituação terminológica, considerações históricas, antropológicas, políticas e sociais.

As participações de Joel Rufino dos Santos nas elaborações do pensamento brasileiro são de uma grandeza inquestionável, e mesmo que em setembro de 2015, por complicações decorrentes de uma cirurgia cardíaca, Joel tenha precocemente falecido, sua obra permanece viva e em movimento, se atualizando a partir dos leitores, na mesma medida em que o país também se movimenta e se atualiza, ampliando assim o contributo deste intelectual, indispensável para o aprimoramento das relações raciais no Brasil.

a inserção do negro e seus dilemas

ESTE ENSAIO SE DIVIDE EM TRÊS PARTES

Na primeira apresento o negro como um lugar social, descartando a noção cientificamente superada de raça.

Na segunda, depois de isolar o objeto social *negro brasileiro*, descrevo a sua trajetória histórica.

Na terceira, examino a "questão do negro" como questão nacional, situando-a como componente da *crise brasileira*.

O QUE É NEGRO[1]

Os positivistas advertiam que qualquer estudo, de ciência exata ou humana, deve começar pelo escla-

---

1 Este capítulo está calcado em parte no meu texto "A luta organizada contra o racismo". *Atrás do muro da noite*, Brasília, FCP-MINC, 1994.

recimento dos nomes. O que se está querendo dizer quando se diz "negro"? Que é um "negro" (e da mesma sorte o que é um "branco", um "moreno", um "pele vermelha", etc.)?

No falar cotidiano, no discurso político, na retórica ideológica, continuaremos ainda por muito tempo a usar a expressão "raça negra" e similares. Em nenhum desses casos, no entanto, estaremos produzindo conhecimento. Pois, na verdade, em apenas um sentido raça deixa de ser um conceito para se tornar fato objetivo: quando designa o conjunto de indivíduos consanguíneos que guardam parentesco biológico entre si. Como todos os homens que habitam o planeta hoje descendem de ancestrais comuns, sendo, portanto, parentes biológicos, só existe uma raça: a *raça humana*. Uma variante dessa definição é a que diz ser raça a reserva de milhares de genes transmitida hereditariamente — o indivíduo que tiver acesso àquela reserva pertence a uma *raça*. Pois bem: todo ser humano, por definição, tem acesso àquela reserva comum; indivíduos animais não o têm, não trocamos genes, pelo cruzamento, com outra espécie, embora uma parcela da nossa própria reserva de genes provenha dos nossos ancestrais não-humanos.

A outra definição convencional de raça — populações da mesma espécie que habitam territórios diferentes e que diferem, em seus conjuntos gênicos, na incidência de alguns genes ou outras variantes genéticas — obviamente não se aplica à nossa espécie. Nas espécies com reproduções sexuada e fecundação cruzada, as raças só se formam em condições de isolamento geográfico — e cultural, em nosso caso — o que bem pode ter acontecido nos primórdios do homo sapiens, explicando a permanência de certas características recentes, responsáveis pela diversidade de aspectos que atualmente se observa entre os homens. Outra hipótese, entretanto, parece gozar de maior favor dos especialistas: o isolamento genético dos grupos humanos só começou recentemente, por volta do fim do Pleistoceno, e, portanto, a diversidade — isso que o senso comum chama *raças* — é apenas o resultado de diferenças locais entre os fatores de seleção.

Ora, esses fatores, ao contrário do que se pensava até cerca da metade deste século, são predominantemente culturais: o modo de viver é que dá o ritmo da evolução biológica e a sua orientação. Já se sabia que o conceito de raça fora produzido historicamente; agora se vê que mesmo nos estreitos limites da zoologia ou da antropologia física, em que meramente fazia sentido, é preciso inverter os termos: a cultura é que produz a raça. Daqui por diante, provavelmente, os especialistas farão com que as cartas dos fenômenos biológicos e a dos fenômenos culturais se iluminem mutuamente, não para esclarecer a origem e a evolução das *raças humanas,* objetivo definitivamente fora de alcance, quer se fique com um ou outra daquelas hipóteses acima — mas para responder de forma objetiva e específica a perguntas objetivas e específicas.

A raça humana se reparte, no entretanto, em grandes grupos. Ninguém confunde um negro com um branco ou um *amarelo* (a antropologia física os designa, respectivamente, como negróide, caucasóide e mongolóide): eles são visivelmente diferentes um dos outro. O conjunto de características que os tornam diferentes é bastante amplo, mas nossa tendência é fixar a atenção nos traços visíveis — a cor da pele, o formato da cabeça, a contextura do cabelo, coisas assim. Mesmo supondo que essas variações concordem entre si — o que não é certo — nada prova que concordem com outras variações não-perceptíveis aos sentidos. É como se houvesse "raças visíveis" (as que o senso comum percebe imediatamente) e "raças invisíveis" (as que só são detectáveis por testes de laboratório, como a frequência de proteínas séricas Gm, por exemplo)[2].

2 O termo "raças invisíveis" foi usado inicialmente por Claude Lévi-Strauss em 1971.

As segundas não são menos verdadeiras que as primeiras e podem ter uma distribuição geográfica própria (o que explicaria, por exemplo, que testes recentes tenham apontado em brancos de Porto Alegre 8% de genes de origem africana e em negros cariocas 50% de genes predominantes na *raça ariana*).

O que se vê assim é que, quanto à espécie humana, a noção de raça é cientificamente nula — sua função é política e ideológica. Mesmo, contudo, ao nível do senso comum ela não se sustenta. Se conseguíssemos estabelecer um tipo médio perfeito de cada um dos conjuntos que vulgarmente se chamam *raças*, veríamos que as diferenças entre eles são bem pequenas. As variações dentro do mesmo conjunto com relação a esse tipo médio perfeito são bem maiores do que as diferenças entre os tipos médios perfeitos de cada um. Isso quer dizer que, salvo exceções mórbidas, os humanos somos mais semelhantes — em se tratando de conformação física e das funções animais elementares (sensoriais, movimentos reflexos, "instintos" e outras) — do que a percepção imediata revela. As variações entre os grandes grupos, chamados *raças* na fala cotidiana, são da mesma natureza que as observáveis entre indivíduos do mesmo grupo.

Das diferenças físicas entre as *raças*, a mais visível — prestando-se por isso a equívocos e manipulações

— é a cor da pele. Mera característica externam transmissível por hereditariedade, o conjunto de genes responsável por ela é parte da reserva genética comum a toda a raça humana. As diferenças de cor entre os homens se devem, por um lado, à diversidade de combinações com que os grupos humanos *sacam* da reserva comum; e, por outro, às condições ecológicas que foram encontrando na sua difusão pelo globo. Todas as características invocadas sucessivamente para definir as diferenças raciais — cor da pele, formato do crânio, grupo sanguíneo, proteína do soro sanguíneo, etc. — têm se mostrado, umas após outras, ligados a fenômenos de adaptação, ainda que as razões do seu valor seletivo escapem aos especialistas. A cor escura, por exemplo, não é privativa dos *negro-africanos*, marca também os hindus e diversos povos ameríndios, sendo, de qualquer jeito, uma variação insignificante do tipo médio humano.

Há, porém outros elencos de diferenças entre as raças humanas percebidas pelo senso comum, além das morfológicas. Pretos, brancos e amarelos têm costumes diferentes, professam crenças diferentes, se relacionam de maneiras diferentes com a natureza e entre si, etc. Manifestam, alem disso, propensões distintas para determinadas atividades — os pretos parecem amar a dança acima de tudo, os brancos a

reflexão etc. Tais diferenças reais, ainda que estereo-
tipadas, objetivamente nada têm a ver com o patrimônio genético que os grupos acumularam a partir
da reserva comum da raça humana: são fenômenos
sociais, gerados no ventre dessa segunda natureza
que é a trama de relações entre os próprios homens. O
que um vietnamita e um negro baiano fazem de suas
noites livres não tem a ver com as *raças* amarela e negróide a que foram adjudicados pela classificação racial. Da mesma forma, o desempenho eventualmente desigual de um menino guarani e outro europeu,
em face dessa invenção especiosa que é o teste de QI,
nada tem a ver diretamente com os respectivos patri-
mônios genéticos.

O conceito de raça (bem como as classificações
raciais em voga ainda hoje) não passa, pois, de uma
forma dada de percepção de fatos objetivos, a saber,
as diferenças morfológicas, sociais e culturais entre
os grandes grupos humanos. Como forma de percepção possuem uma história. A ideia de que há raças foi
socialmente produzida, assim como os perfis de cada
raça em que se repartiria a nossa espécie. Como também, aliás, a adjudicação: "Em termos sociológicos,
raça é uma categoria social constituída pela integração
de um conjunto de avaliação produzida socialmente,
em que as pessoas ou grupos — devido às posições

reais ou imaginárias que ocupavam no sistema social — se consideram como pertencentes a *raças* diversas".[3]

Se não há raças, e o tema deste ensaio são as formas de inserção do negro em nossa sociedade (isto é: as relações raciais entre brasileiros) não estaríamos diante de um paradoxo? Na verdade, não há paradoxo algum. Raça, ou outro nome que se queira dar, interessa exclusivamente às disciplinas biológicas, como a imunologia, por exemplo — e só então, indiretamente, às ciências sociais[4]. A essas o que interessa, diretamente, é a ideia de raça, a maneira como ela se produziu e variou. E como serviu a determinados jogos sociais e políticos ao longo do tempo.

Essa introdução é necessária para marcar a distinção entre o ponto de vista em que me situarei aqui e

3 IANNI, Octavio. *Raças e classes sociais*. Rio de Janeiro, Civilização Brasileira, 1966, p. 46.
4 Lévi-Strauss lembra o caso famoso de F.B. Livingstone que demonstrou como o surgimento da malária e a subsequente difusão da siclemia na África Ocidental resultaram da introdução da agricultura ali: a caça ou a destruição da fauna e o desbastamento intensivo provocaram a formação de terras paludosas e poças d'água, que por sua vez favoreceram a reprodução de mosquitos contaminadores, obrigando esses insetos a se adaptar ao homem, convertido no mamífero mais frequente a que podiam atacar, levando em consideração outros fatores, como as taxas variáveis de siclemia segundo os povos, foi possível sugerir hipóteses plausíveis sobre a época em que determinados grupos se estabeleceram ali, sobre a movimentação de tribos e até sobre as datas relativas em que eles adquiriram técnicas agrícolas.

o dos que seguem trabalhando com a noção vulgar de raça — quer os adeptos da "supremacia branca", quer os militantes bem intencionados da luta organizada contra o racismo (os movimentos negros). Não tomarei aqui, em nenhuma hipótese, o negro como *raça*.

Não o tomarei, igualmente, como aquilo que o linguajar comum chama de *preto*. Preto é um termo genérico, equivalente ao *nigger* norte-americano. *Negro, moreno, cabra, mulato, de cor, escuro, pardo, crioulo* e uma enfiada de outros não passam de adjetivos que diminuem ou acrescentam alguma coisa ao objeto social que achamos necessário circunscrever no começo deste estudo. Há uns quarenta anos, intelectuais e políticos se acostumaram a dizer *negro* (a "história do negro", a "problemática negra", as "religiões negras" etc.), mas isso se choca com a tradição vernácula, capaz de perceber que nem todo *preto* é um *negro*. Este último sempre se usou para marcar distância, como é o caso de *bugre* que, aplicado ao índio, denota uma identidade vagamente perigosa e nitidamente pejorativa[5]. Para designar esses novos desenhos, essas identidades agora auto-referenciadas,

---

5 "A própria noção regional de bugre não constitui por si só um anátema contra o índio e um sintoma de sua alienação?" . OLIVEIRA, Roberto Cardoso de. *Do índio ao bugre*. Rio de Janeiro, Francisco Alves, 1976, p.p. 8-9.

intelectuais e militantes foram buscar os termos negro e índio, carregados também de significações ofensivas — mas não desprezíveis e, admitindo, em todo caso, a alteridade do outro (sic). Atualmente se pode xingar alguém de *negro* e de *índio*, mas com isso se lhes dá direito a serem inteiros, não a metade anterior e primitiva do branco. Negro é, em suma, o preto que recusou o pacto nacional de não falar de sua posição e identidade. É uma personagem histórica recente (menos de cem anos) e se nosso propósito é pensar formas antigas e futuras de inserção cabe fazer a ressalva. Não é pois, apenas deste negro que falaremos aqui.

Se não é raça nem identidade assumida, o que é o negro? Em nossa definição, negro é um lugar social instituído por diversas coordenadas: a cor escura da pele, a cultura popular, a ancestralidade africana, a ascendência escrava (remota ou próxima), a pobreza, a atribuição da identidade *negro* pelo outro e a assunção dessa identidade por si. Para certificar-se de que se trata de um lugar, um topo, basta pensarmos nas dificuldades que temos, no Brasil, em classificar indivíduos que não preencham um daqueles requisitos. Um preto rico, ou que não saiba sambar, ou que não se assuma como negro, ou que não seja visto pelos amigos como tal — é menos preto. Essa peculiaridade brasileira — o negro como *lugar* e não como raça

— tem sido um dos óbices à compreensão das nossas relações raciais por estrangeiros, especialmente norte- americanos. Aqui, a mesma pessoa pode ser negra num estado, morena em outro, branca num terceiro (deve-se a um sociólogo norte-americano a expressão "branco da Bahia"). Temos, por essa mesma razão, a "síndrome do embranquecimento" que, para citar um caso famoso, acometeu o maior de nossos escritores: Machado de Assis, empregado de Paula Brito, é mulato escuro, nos retratos do fim da vida, presidente da Academia Brasileira de Letras, é branco.

O NEGRO BRASILEIRO

Nosso senso comum tende a ver a história do negro brasileiro como sucessão de três grandes capítulos: aceitação da escravidão, marginalização e integração. Já o negro organizado na luta contra o racismo (movimentos negros) a vê como sucessão de rebeldia, marginalização e luta organizada contra o racismo. Como toda visão do passado, são ambas parciais e ideológicas — não se trata do passado verdadeiro (até onde se pode falar disso), mas da percepção do passado desde um certo ângulo do presente. Por outras palavras: a forma de inserção na sociedade atual condiciona a visão histórica. Tratemos, pois, para começar, dessas duas inserções: a do *negro militante de movimento negro*; e a do *negro (ou preto) comum*, advertindo desde já que a "verdade histórica" aparece tanto numa visão quanto na outra.

INSERÇÃO HISTÓRICA E VISÃO DOS MOVIMENTOS NEGROS

A luta organizada contra o racismo nasceu às vésperas da Revolução de Trinta. semi-intelectuais e subproletários se juntam em São Paulo (então caminhando para se tornar a maior cidade do país) numa "imprensa negra". Jornais como *O Clarim da Alvorada* e o *Getulino*, de Campinas, denunciavam as discriminações raciais mais chocantes do nosso quadro urbano — no emprego, na moradia, na educação, nos locais de lazer. Foi essa imprensa o embrião do primeiro movimento negro, a Frente Negra Brasileira (1931-37).

Não por acaso isso se deu no bojo da Revolução de Trinta: capítulo decisivo da ascensão burguesa entre nós, assinalaria a morte da antiga "vocação colonial", do "essencialmente agrícola", a velha aristocracia rural sendo forçada a repartir o poder com os extratos superiores da classe média, a cidade prevalecendo, enfim e definitivamente, sobre o campo, a cultura buscando rumos alternativos à transplantação que constituía seu pecado original.

Foi no contexto dessas mudanças, e ao seu compasso, que se elaborou a "ideologia da democracia racial", um conjunto peculiar de percepções das relações raciais, e de sua evolução, até hoje bastante consensual e eficaz. A ideologia da democracia racial não fora necessária antes, quando os negros não disputavam lugares e não protestavam como negros. o triunfo do capitalismo, da burguesia e da cidade exigiam-na, contudo, agora.

A ideologia da democracia racial pressupunha, para começar, que nossas relações de raça fossem harmônicas — harmônicas por conta da *índole* lusitana (propensa ao convívio com povos morenos), da benignidade da nossa escravidão[6] e, sobretudo, da mestiçagem que teria funcionado aqui (ao contrário dos Estados Unidos) como "algodão entre vidros", etc.

6 São infindáveis os testemunhos e depoimentos sobre a benignidade da escravidão brasileira, desde viajantes como Rugendas e John Luccok até analistas recentes: "A alimentação do negro nos engenhos brasileiros podia não ser nenhum primor de culinária; mas faltar nunca faltava". E suas d DEGLER, Carl N., *Nem preto nem branco*, São Paulo, Labor do Brasil, 1976, p.p. 107-108, abundância de milho, toucinho e feijão recomendava-a como regime apropriado ao duro esforço exigido do escravo agrícola", FREYRE, Gilberto, *Casa Grande e Senzala*, Brasília, Universidade de Brasília, 13a edição, p. 107.

Outro suporte dessa ideologia era a crença de que o desenvolvimento econômico do país — entendido como modernização, industrialização e, vagamente, "realização de um destino manifesto" — colocaria os pretos em pé de igualdade com os brancos na competição pela vida. Enquanto isso, o progresso mataria o "complexo de inferioridade" dos negros, herança da escravidão recente. Conectada a essa crença aparecia a convicção, frequente no discurso de esquerda, de que a interação de classe contém e esgota a interação racial. Entre aquela projeção otimista e este reducionismo generoso se espremeram, até os anos 1970, os movimentos negros. Em ambos os casos estávamos diante de um esforço bem sucedido para tornar o negro brasileiro invisível. Ou antes: estávamos diante de uma concepção acabada do país como grande família patriarcal, em que o macho branco ocupa o centro, girando cada um dos parentes à sua volta em círculos concêntricos. Nessa família, em que todos se consideram, *acima de tudo, brasileiros*, integrantes pacíficos da família brasileira, o negro tem sua órbita — de parente pobre, é verdade, mas não enjeitado e, provavelmente, agradecido por constar dela. A crença na democracia racial aparecia assim como um pacto entre familiares: denunciá-lo, ainda que parcialmente, equivaleria a por em risco o equilíbrio mesmo da grande família em que historicamente nos estruturamos[7].

Os negros, no seu conjunto, participavam dessas crenças. Daí a luta organizada contra ao racismo ter-se caracterizado, na sua infância, por uma sorte de integracionismo: mais do que discriminados, os negros se sentiam atrasados na corrida pela ascensão social — tirariam esse atraso pela instrução e a "boa conduta", vizinha do puritanismo[8]. Nessa fase, a história do negro é a história que lhe conta o branco,

7 Sobre essa espécie de pacto que garante o culto da nossa democracia racial, observou E. Franklin Frazier, o famoso sociólogo negro norte-americano: "Há no Brasil pouca discussão a respeito da situação racial ou de cor. Parece haver um entendimento não expresso entre todos os elementos da população para não discutir a questão racial, pelo menos como fenômeno contemporâneo". Apud DEGLER, Carl N., *Nem preto nem branco*, São Paulo, Labor do Brasil, 1976, p.p. 107-108.
8 "Daí, primeiramente, a condenação do alcoolismo, que transforma o homem em animal e que é considerado, sob a forma de bebedeira, como distintivo da classe baixa. E depois o apelo tão frequente à maior dignidade nas relações entre o homem e a mulher. Se os brancos têm uma opinião tão desfavorável da moça de cor, a culpa é em grande parte dos bailes negros, que são lugares de perdição. [...] Em toda parte em que o branco possa encontrar pessoas de cor, é preciso que esta última seja um modelo de virtude, em particular nesses *footings* como o da rua Direita [...] A terceira condenação é a da preguiça, da vagabundagem e da mendicidade, que coloca o preto em situação de inferioridade em relação ao branco que lhe faz a caridade; a raça só se elevará pelo amor ao trabalho." BASTIDE, Roger. *Estudos afro-brasileiros*. São Paulo, Perspectiva, 1973, pp. 147 - 152.

seus heróis são pretos que serviram a brancos (Henrique Dias, Marcílio Dias...): o branco é o super-ego do negro.

Em 1937, um golpe de estado fechou a incipiente abertura democrática instaurada pela Revolução. Deixou de existir a Frente Negra, em que haviam desembocado diversas personalidades e entidades negras integracionistas. (Por sinal, e não por acaso, a Frente Negra guardava parentesco com a Ação Integralista Brasileira, de corte fascista). Encerrada a ditadura (1945), foi sucedida pelo Teatro Experimental do Negro, quase um disfarce — ainda que seu perfil fosse efetivamente dramático — para a continuação da luta anti-racista. Entre 1945 e 1970, surgiram e desapareceram dezenas de instituições negras. A luta organizada contra o racismo chegara à idade das definições.

Em geral, os brasileiros negros e brancos tendem a perceber o racismo "como aquilo que há nos Estados Unidos" e já agora como o "apartheid" que existiu na África do Sul. Nosso senso comum distingue racismo — endêmico naqueles dois países — de preconceito racial, ocasionalmente constatável no nosso. A segregação e o conflito, supostamente ausentes do caso brasileiro, caracterizariam o racismo, enquanto o preconceito, na sua forma mais branda, benigna, seria o "não gostar de preto"[9]. Foi com esta visão renitente e consensual que tiveram primeiro de se haver os movimentos negros na sua fase mais recente, iniciada nos anos 1970.

Nos últimos trinta anos, a luta organizada contra o racismo desembocou, enfim, num movimento negro de amplitude nacional e claramente destacado de outros movimentos sociais e políticos — cerca de quinhentas entidades de diversos tipos, para o período como um todo, frouxamente articulados entre si (há quem prefira mesmo designá-lo por movimentos negros). Criaram-se desde organizações rígidas (como o MNU, Movimento Negro Unificado), até instituições semi-acadêmicas (como o Grupo André Rebouças, da Universidade Federal Fluminense), passando por centros autônomos de pesquisa histórica e cultural do negro (como o Centro de Cultura Negra do Maranhão, por exemplo)[10]. Essas entidades abarcaram, sempre na média, três mil ativistas, capazes, eventualmente,

9 É interessante notar, de passagem, que a equação racial, na visão comum brasileira, se reduz a brancos versus negros, não abarcando outras "raças". Tanto é assim que os movimentos negros, em geral, relutam em buscar alianças com o movimento das nações indígenas, e outros menores.
10 Como em todo movimento social, o movimento negro apresenta rotatividade institucional, embora os números totais se mantenham em média. Trabalhei com o guia (interno) de instituições de movimento negro da Fundação Cultural Palmares, Brasília, 1995.

de mobilizar, nos momentos de tensão, confronto ou celebração, e separadamente, vinte e cinco mil simpatizantes de classe média baixa ou em transição para ela. Considerando-se o fato de que a maioria da população negra se localiza precisamente daí para trás (e além disso no campo e nas regiões mais pobres do país), estamos diante de uma anomalia e evidente limitação. Como explicar?

Para começar, à exceção de movimentos sociais recentes conduzidos pela igreja católica (as Pastorais da Terra e da Favela, por exemplo) e de campanhas políticas excepcionais (como a da Abolição e a das Diretas Já), nossos movimentos nunca foram populares no sentido de incluir grupos abaixo da classe média. O que convencionamos chamar história do Brasil tem sido um jogo enfadonho, uma que outra vez eletrizante, de elites sociais e étnicas. Essa tradição oprimiu também os movimentos negros na sua infância.

É preciso lembrar, em seguida, que os movimentos negros são filhos do "boom" educacional dos anos 1970 — proliferação de faculdades particulares estimulada pelo estado como solução para a crise de vagas no ensino superior, ponto crítico das relações sociedade-governo desde 1960. Com efeito, os jovens que fundam, nos 1970, entidades negras de luta contra o racismo são invariavelmente dessa geração universitária, primeiro do Rio e São Paulo, onde a proliferação de faculdades privadas foi maior, mas também de outros estados, em que a fuga dos candidatos brancos para centros mais adiantados de ensino abria vagas para negros (é o caso típico do Maranhão e do Rio Grande do Sul, onde o *grande* número de "pretos doutores" ainda hoje causa espanto e gera atritos peculiares).

De todo jeito, foi a aceleração do crescimento econômico do país, a partir de 1968, com suas contradições e mazelas, que gerou uma massa nunca vista de universitários, e logo de profissionais liberais pretos. Em comparação com o número de estudantes e formandos brancos, ela continuará reduzida, mas será notável (embora não tenhamos estatísticas) se comparada à insignificância de antes. Ora, a expectativa, contida na própria ideologia racial brasileira, era de que "mais negros formados, menos negros discriminados". Mesmo sem considerar o descompasso entre o "boom" educacional e o mercado de trabalho, que frustaria a expectativa em geral da nova geração de formados, houve a frustração particular do graduado negro. O mercado estava de fato à sua espera, mas como mão-e-obra a preço módico (ainda que de igual competência). O crescimento capitalista ao invés de corrigir, acentuava as desigualdades raciais[11].

Paralelamente, a internacionalização crescente da economia brasileira seguia reforçando uma velha tendência colonial: a importação de modelos culturais, simbólicos, de comportamento, ideológicos etc. A socialização dessa importação foi, naturalmente, complexa e variada, gerando incompreensões e intolerâncias por parte de intelectuais do sistema. Não concedendo ao negro o "direito" de não ser senão negro, esses condenaram a voga *black* e internacionalista das vanguardas negras. De qualquer jeito, milhares de negros em ascensão frustrada, guetizados no pior setor pago do mercado de trabalho, adotaram Eldrige Cleaver, Malcom X, Stockley Carmichel, Angela Davis e James Baldwin como gurus. Adotariam logo Samora Machel, Agostinho Neto e Amílcar Cabral. Por outro lado, Shaft, James Brown, Bob Marley e outros criadores do *black soul* conquistavam a parte menos politizada da juventude negras das principais capitais — mas sobretudo de Rio, São Paulo e Salvador. É claro,

11 O tema raça/classe na estrutura social brasileira tem vasta bibliografia. Ver, entre outros, G. DE OLIVEIRA, Lúcia Helena e outras. *O 'lugar' do negro na força de trabalho*, Rio de Janeiro, IBGE, 1980; SILVA, Nelson do Valle e. "O Preço da Cor: Diferenças Raciais na Distribuição da Renda no Brasil", in "Pesquisa e Planejamento Econômico", X (abril de 1988); HASENBALG, Carlos A . *Discriminação e Desigualdades Rraciais no Brasil*, Rio de Janeiro, Graal, 1979.

porém, que influências externas não germinam se o terreno não está lavrado.

É certo que nunca existiu no Brasil uma burguesia negra (embora o seu embrião existisse nas principais cidades do século XIX: milhares de *pretos forros* donos de lojas e oficinas artesanais). A estratégia da Frente Negra (1931-37) consistiu mesmo em criá-la, através do binômio trabalho-estudo. A Revolução de Trinta pareceu, a certa altura, confirmar a expectativa integracionista dos crentes na democracia racial, já que milhares de pretos ingressaram, então, no aparelho de estado; se alojaram no rádio e no futebol, que então se tornaram profissionais e de massa. Não por acaso o período de vigência do pluripartidarismo (1945-64), a maioria dos negros cariocas, independentes de sua classe social, era petebista[12].

O ciclo revolucionário e seu modelo econômico, chegou ao fim por volta de 1960. A intervenção militar e a ditadura que o completou (1964-1978) instauraram outro modelo, responsável por novo crescimento econômico (crescimento industrial médio de 10%), fruto da internacionalização deliberada da economia, concentração na exportação, arrocho salarial, prioridade

12 Ver, entre outros, SOUZA, Amaury de. "Raça e Política no Brasil Urbano", in "Revista de Administração de Empresas", XI (outubro-
-dezembro de 1971).

no combate à inflação etc. Com esse "milagre econômico" pareceu enfim chegada a redenção do negro. A descoberta de que ele, ao contrário, foi a sua danação — a raiz da discriminação sendo justamente o incremento da competitividade —, foi, sem dúvida, um golpe mortal na ilusão que embalou várias gerações de brasileiros.

Em suma, foi o choque entre a geração de graduados negros dos anos 1970 e as desigualdades raciais estimuladas pelo "milagre econômico" que fez germinar os movimentos negros atuais; as influências norte-americana e africana foram a semente. Ora, na sua primeira etapa (entre 1970 e 80) aquela frustração social, que estava na sua base, lhe imprimiu a marca: os movimentos negros o que fazem é vocalizar a mágoa pela pouca consideração do branco, há como uma ânsia em arrancar do brasileiro comum a confissão de que, tanto quanto o norte-americano e o sul-africano branco, ele é racista. O racismo é apreendido, nessa fase, como fenômeno episódico, isolado das questões nacionais, problemática "de minoria" em suma. No que se refere à percepção histórica, suas lideranças se aferram (por exemplo) à crença de que "é impossível fazer a história dos negros no Brasil porque Rui Barbosa destruiu os documentos".

Pode-se concluir, em resumo, que o obstáculo

principal à emergência de movimentos negros em nosso país tem sido a ideia consensual de *democracia racial*. Quem possui a verdade — os movimentos ou a sociedade?

Democracia racial, quando não se apresenta como atroz ironia, tem sido no Brasil uma meia verdade. iguais oportunidades para todos e ausência de conflitos, seus principais pilares, são uma realidade para as minorias raciais em geral que habitam o país — alemães, eslavos, italianos, japoneses, libaneses, orientais, judeus e outros. As histórias recentes do sul e sudeste ofereceriam, aliás, exemplos cabais de quanto a civilização brasileira é aberta e receptiva ao diferente — muitos filhos de imigrantes galgariam nesses anos altas posições sociais, chegando alguns à Presidência da República. A democracia racial existe, além disso, como aspiração geral — e, nesse caso, como em tantos outros, é difícil separar constatação de vontade. O brasileiro comum se vê como criatura "sem problemas desse tipo" e, muito embora, esta auto-imagem não suprima o racismo e suas manifestações (nem mesmo o conflito), funciona como modelo e paradigma, tendência e objetivo a ser alcançado. A diferença entre um racista norte-americano e outro brasileiro, já se disse, é que o segundo tem vergonha de sê-lo.

A consciência racial brasileira parece, com efeito, transitar permanentemente em duas pistas: a da realidade discriminatória contra o negro e a do desejo de relações fraternas e naturais. A primeira é um fato de todas as horas; a segunda, uma aspiração patriarcal de todos. Denúncias públicas de racismo, mesmo comprovadas, esbarram, por isso, geralmente, num muro de pedra: denunciar o fato equivale, para o senso comum, a renegar a aspiração; e, assim, por curioso artifício, o anti-racista, entre nós, se converte, frequentemente, em "racista pelo avesso". E enfim, não se deve esquecer que num país visceralmente autoritário como o nosso, a simples expressão *democracia racial* evocará no homem comum qualquer coisa justa e possível, cuja força é garantida pela sua própria excepcionalidade.

É fato também que o mito da democracia racial não aparece isolado, mas constitui um dos fios da elástica malha em que repousa a consciência de ser brasileiro. Ele se prende aos resistentes mitos da nossa *cordialidade inata*, da *história incruenta*, da *natureza privilegiada*, da *unidade fundamental do povo brasileiro*, da *morenidade* e outros. Os movimentos negros se encontram pois diante de dificílima tarefa: romper um dos elos, talvez o mais sólido, de uma cadeia de idealizações nacionais.

Aparece, enfim, como outro aspecto da dificuldade em sepultar o mito da democracia racial, a evidência de que o negro brasileiro obteve, ao longo do tempo, determinados ganhos. Se é certo que maioria da nossa população negra permanece confinada às regiões menos desenvolvidas do país (o Nordeste e o vale do Jequitinhonha, por exemplo); se é certo, também, que naquelas mais desenvolvidas, surgiram formas inéditas de discriminação racial, sem desaparecer a principal e mais antiga que consiste em pagar menos ao trabalho do negro, não é menos verdade que a sociedade brasileira diminuiu, nos últimos cinquenta anos, sua resistência à ascensão de pessoas não-brancas — por meio das artes, dos esportes, da burocracia, das forças armadas, das lideranças evangélicas e, em grau menor, mas não desprezível, da política. Nesse sentido, a cidade, mais elástica que o campo, permitiu ao negro a livre associação, brotando por toda parte aquilo que Clóvis Moura chamou com propriedade de "grupos específicos"[13]. Por fim, as contradições e dilemas da subjetividade brasileira permitiram ao negro, em alguns terrenos importantes, simbolizar e até mesmo representar a Nação.

13 Sobre "grupos específicos" e sua razão de ser, MOURA, Clóvis. *O negro: de bom escravo a mau cidadão?*, Rio de Janeiro, Conquista, 1980, p. 168 e seguintes.

Contraditar o mito da democracia racial é, pois, o que justifica a existência de movimentos negros. É o seu óbice principal. Vem, em seguida, a incapacidade — mais prática, na verdade, que teórica — de articular os conceitos de raça e classe; e deduzir dessa articulação uma estratégia mobilizadora da população negra proletária e subproletária. *Raça, cor, etnia e cultura* são usados indistintamente no discurso desses movimentos, o que parece enfraquecer a sua função de *pedais do conhecimento* e da *ação*. Ao proletário negro (o *preto* ou *crioulo* ou *escuro* ou *moreno* do linguajar comum) é indiscutivelmente mais fácil chegar à consciência de classe que à de "raça"; e o inverso para a classe média — o profissional liberal, o funcionário graduado, o pequeno comerciante em ascensão.

Pensemos, para exemplificar, neste dilema: mulato é negro? Os números do mercado de trabalho, a estereotipia e o preconceito indicam que a distância entre eles é mínima. Este, no entanto, é apenas um dos termos da equação do mulato no quadro das nossas relações raciais, sobre o qual se debruçam, sem aparente sucesso, os movimentos negros e seus analistas. Numa sociedade multiracial como a brasileira, em que a autodefinição é importante critério classificatório, o mulato é efetivamente algo diferente do preto e do branco — ou, como já observou alguém, é uma coisa ou outra conforme lhe interesse. Eis um enigma que ameaça devorar a luta organizada contra ao racismo no país da democracia racial.

INSERÇÃO HISTÓRICA E VISÃO DO NEGRO COMUM

A descrição que costumam fazer as lideranças negras da história do negro no Brasil começa, como já se disse, por uma etapa de rebeldia. A história da escravidão teria sido, assim, a história da luta contra a escravidão. Essa intuição vem sendo confirmada pela pesquisa histórica (voltaremos a isso), que se acelerou nos últimos anos, repartindo-se agora por um bom número de centros de pesquisas universitários, militantes e simples pesquisadores isolados em todo o país.

O fato não é, a rigor, surpreendente, o curioso é que o avanço das pesquisas e ensaios venha confirmando também, por outro lado, a capitulação (chamemos provisoriamente assim) do escravo negro. Reavivou-se o antigo dilema da inserção social e civilizatória do negro: integração-rejeição. Esse dilema está posto, pelo menos, desde os primeiros desembarques de africanos.

É, porém, em dois "heróis" do século XVI — Henrique Dias e Zumbi dos Palmares — que os intelectuais e militantes negros costumam simbolizar as opções antagônicas do negro diante da sociedade global. Henrique Dias, ao emprestar seu corpo e sua alma aos senhores portugueses no instante capital da invasão holandesa (1630-1635), no momento da sua expulsão (1645 a 1654) e, por fim, no massacre do Quilombo de Palmares (de 1640 em diante), entrou para a galeria de heróis da pátria, mas também para o bestiário dos movimentos negros: eis o "preto de alma branca", o que aprendeu as regras do amo para reinar, ele também, sobre os pretos. Se Henrique — "*Governador dos pretos, crioulos e mulatos do Estado do Brasil*" — é o que aceita, Zumbi dos Palmares é o que *recusa*. Sua vida — um tanto revelada pela pesquisa, um tanto imaginada — foi uma série de recusas: recusou a adoção do padre a quem fora presenteado quando menino, recusou a vida do litoral e o mundo dos brancos, recusou diversas propostas de paz que lhe fez o governador de Pernambuco, em nome do rei de Portugal, e recusou, enfim, quando se viu perdido, a rendição.

Esses dois emblemas, no entanto, têm função retórica, ideológica, e de mobilização. Para começar, a sociedade brasileira, como já se disse, mesmo durante a longa vigência da escravidão, nunca se fechou inteiramente ao esforço dos negros para sobreviver e subir. A rigor, somente os escravos de eito (cerca de % da escravaria), os *fôlegos vivos* do jargão colonial, não tinham chance de melhorar a sua posição. A alforria, em geral dificílima, mas possível, em grau variável, não era a única porta para isso — havia o servilismo e a sedução calculados, e, em destaque, a larga avenida do sexo, sempre aberta numa sociedade em que a unidade familiar ocupava o mesmo espaço da unidade produtiva. Resultou daí uma espécie de *mulatropismo*, difícil de aceitar pelo baluartismo militante que elegeu Zumbi dos Palmares como emblema da rejeição histórica do negro à inserção social.

O escravo, lembrou alguém, é antes de tudo aquele que preferiu viver. Essa preferência é já o início da sua adaptação — ele opta por se tornar provisoriamente coisa, à espreita de recuperar a condição humana. A sociedade escravista, visceralmente, mas não *totalmente* perversa, lhe dava algumas poucas chances; para aproveitá-las ele tinha primeiro de se tornar mero feixe de instintos[14].

Em seguida, o escravo negro-africano (sic) devia se tornar *ladino*. O termo designa, em primeira instância, aquele que fala português, se declara cristão e parece adestrado em trabalhos, digamos, domésticos.

14 São inúmeros os depoimentos sobre a "animalização" do negro escravo. Ver, entre outros: DARWIN, Charles. *Viagem de um naturalista ao redor do mundo*, Rio de Janeiro, Sedrega, s/data, 1º volume, pp. 44-45.

No fundo é o que decidiu ser obediente, fiel e humilde — os mesmos atributos, hoje, do "bom crioulo". Se o negro avança por essa via, o amo branco retira alguns obstáculos — é um jogo de paciência que mascarou, para os observadores ingênuos, a violência congênita da escravidão brasileira. Pode-se supor que em geral o senhor branco preferisse relações não-violentas, dispondo-se a conceder ao preto um espaço para reconstruir a sua personalidade, no qual lhe fosse possível realizar perpetuamente, como Sísifo, a aspiração de melhorar e subir. Mesmo no engenho, aquele inferno de pretos, no dizer de Antonil, com sorte e aplicação se podia ser feitor, mestre, chefe de turma, qualquer coisa assim; na casa-grande, pajem, mucama, recadeiro, acompanhante, amante etc. Mesmo, no entanto, que permanecesse para sempre no escaninho em que o meteram, desprezível a anônimo, o escravo negro tinha alguma chance de se ajustar, avançando ao compasso da personalidade do senhor branco.

Foi essa a forma de inserção da maior parte dos negros escravos durante a maior parte do tempo (e convém lembrar que nem negro nem escravo são grupos sociais ou classes)[15]. Objetivamente, a marca do

15 Sobre a distinção entre escravo como classe e escravo como condição civil, ver, entre outros: FREITAS, Décio. *Escravos e senhores-de-escravos*, Caxias do Sul, Choronos, 1977.

escravo negro-brasileiro (sic) foi o formidável esforço para gravitar sem turbulência o senhor branco. Henrique Dias, tão detestado pelos movimentos negros atuais, podia dizer como aquele endemoninhado gadareno da Bíblia: "meu nome é legião, porque somos muitos". (Não se trata aqui de justificar a "traição" da personagem histórica Henrique Dias. *Henrique* é tomado como emblema consagrado da adaptação-aceitação. Nesse sentido, Henrique Dias foi um *henrique* de sucesso, como Xica da Silva, Felipe Mina e tantos outros). Não é, pois, de todo infundada, como se vê, a visão brasileira comum que supõe ter o negro ("ao contrário do índio") se "adaptado à escravidão".

No outro extremo, havia o quilombo, a mais avançada dentre as formas de rejeição às regras do jogo colonial-escravista — ou, se se preferir, a inserção social pela construção de uma maneira alternativa de estar no mundo. O quilombo foi a forma mais avançada da rejeição porque só ela punha em risco o edifício escravista — era o "inimigo portas-a-dentro" da legislação colonial. O quilombo funcionaria como símbolo exato da rebeldia negra, não fosse uma "circunstância", quilombola foi tanto Zumbi, quanto seu antípoda, Ganga Zumba. O segundo figura em destaque no bestiário dos movimentos negros, pela paz que firmou com o governo pernambucano (nota 23) cindindo a resistência armada palmarina; o primeiro é hoje o mais conspícuo herói étnico de uma país carente deles, pela luta sem quartel que moveu ao poder colonialista.

Em Ganga Zumba e Zumbi estão sublimadas as duas grandes estratégias de inserção que apontamos acima: sentar à mesa para aprender as regras, e ganhar também, *versus* virar a mesa e inventar outro jogo. De um modo geral, a primeira é a opção das populações negras — do negro entendido como lugar social e não como "raça"; a segunda, a da sua intelectualidade militante. *De um modo geral* porque essa dialética adaptação-inadaptação está também e sobretudo na psique de cada negro de *per si*. Para os movimentos negros, a grande contradição tem sido esta: apontam o caminho de Zumbi a massas que preferem viver como Ganga Zumba, sendo elas mesmo, as lideranças, indivíduos que se mostraram capazes, em sua vida pessoal, de manejar as regras do sistema capitalista para se ajustar e vencer.

Ora, a luta contra o sistema, em nosso caso, tende a se confundir com a luta pelo socialismo. Era, pois, de se esperar uma boa aliança histórica entre os movimentos negros e os agrupamentos de esquerda, mas isso não aconteceu na prática, nem na teoria. A esquerda, predominantemente marxista, é acusada pelas lideranças negras de reducionista — tudo, para ela, começaria e terminaria na interação de classes —, e de participar, em geral, das mesmas idealizações vulgares da consciência conservadora. Se é certo que nenhum movimento social, com extensões políticas, sobrevive sem alianças, eis aqui mais um dilema da luta organizada contra o racismo: como ultrapassar esse limite da *consciência possível* brasileira, quanto à problemática racial.

Os movimentos negros atuais vêm tentando manejar, então, o saber histórico como recurso para franquear os limites dessa consciência. Na sua infância (digamos de 1970 até aqui) eles tentaram sem grande sucesso desmascarar o mito da democracia racial. Ao se aproximar o ano 2000, eles parecem patinhar, diminuindo consideravelmente sua capacidade de mobilização. Como eles avançarão a partir desse ponto?

A REBELDIA DO NEGRO BRASILEIRO

Com o aprofundamento dos estudos históricos, nos últimos anos, esboçou-se entre nós uma classificação da rebeldia negra durante a Colônia.

I. Quanto à estratégia:

1. Enfrentamento individual ou coletivo, sem formação de comunidade alternativa;
2. Fuga coletiva, com a formação de comunidade alternativa (quilombo);
3. Participação em rebelião de outrem;
4. Rebeliões pela tomada do poder;

II. Quanto á tática:

1. Ações *criminosas;*
2. Guerra de movimento;
3. Guerrilhas;
4. Conjurações;
5. Insurreições.

Perfilando o preconceito de que a rebelião colonial é exclusivamente externa (colônia *versus* metrópole) a historiografia tradicional brasileira elaborou uma longa lista de "rebeliões coloniais" em que não entram as rebeliões negra e indígena. Foram elas, no entanto, as legítimas rebeliões coloniais, pois implicavam na reversão da situação colonial, basicamente apoiada na escravidão de negros e na escravidão e servidão de índios.

Tem-se verificado, para começar, que o *enfrentamento individual ou coletivo sem formação de comu-*

nidade alternativa (a sabotagem ao trabalho, o aborto, o suicídio, o infanticídio, o envenenamento, etc.) foi bastante mais comum do que se queria supor. E, mais importante, seu alcance variou conforme o contexto político geral. Terá sido menor, por exemplo, em períodos de calmaria política; maior, por vezes decisivo, nos momentos de ruptura. O enfrentamento individual, por via de ação criminosa, contribuiu para o desgaste do sistema produtivo, acarretando, pelo menos em um caso — o da Abolição — a desestabilização da situação conservadora. Esse processo invisível, de cupim, verdadeira guerrilha, é que acabou por tornar o trabalho assalariado, afinal, mais rentável do que o escravo.

Tomemos um exemplo característico, o da guerra de independência (1822-24). A sabotagem dos pretos constituiu permanente ameaça aos dois exércitos em confronto na Bahia; e numa ocasião, pelo menos, tornou-se revolta aberta contra o "exército brasileiro", nas localidades Mata Escura e Saboeiro. A parca documentação que possuímos não permite saber se se tratava de escravos *crioulos* ou *boçais* (africanos) e em que grau foram estimulados por agentes portugueses interessados em paralisar o "exército brasileiro". Revelando, porém, certa disposição oportunística do escravo negro, põe em cheque um primário e resistente elo da cadeia mítica da consciência brasileira: a unidade moral do povo brasileiro na hora decisiva da independência. Os rebeldes de Mata Escura e Saboeiro — sumariamente fuzilados — ou não se sentiam brasileiros, o que desmente a unidade; ou constituíam exceção, o que é indemonstrável, à vista de comportamento semelhante em outros momentos parecidos.

Na verdade, o exemplo típico de Mata Escura e Saboeiro põe em cheque (e a esta luz costumam discuti-lo os intelectuais negros) a relação negro-nacionalidade. O comportamento da população negra (majoritária na maior parte do período colonial) era, naturalmente, heterogêneo, havia o "bom crioulo" e o "mau africano" e, entre eles, um matizado gradiente. Ocorre que o negro integrado à Nação — desde quando se pode falar disso — é o "bom crioulo". E "bom crioulo" é apenas um eufemismo para designar escravo adaptado. A rebeldia negra será, por definição, anti-nacional? E, tendo em conta que o negro inadaptado (o negro que se recusa) constituía parte ponderável da população negro-escrava, pode-se falar ainda assim em Nação brasileira? Um complicador é que o próprio conceito de nação é fluido mas, de toda forma, é ele que parece abalado pela constatação do oportunismo histórico do negro escravo — como em Mata Escura e Saboeiro.

Onde melhor se vê o papel da *rebeldia negra individual ou coletiva* (mas sem a formação necessária de quilombo) é no processo de Abolição.

Há uma suposição vulgar e didática de que jovens estudantes e jornalistas liberais conquistaram a Abolição para os negros e o país. Há, no outro extremo aparente, uma *historiografia das contradições* que explica a liquidação do escravismo brasileiro como uma reacomodação de camadas internas decorrente de mudanças básicas na economia do mundo ocidental a que sempre estivemos presos; e há ainda uma variante dessa que define a Abolição como episódio natural, evolutivo, da ascensão burguesa no Brasil, mas que é, também, uma *historiografia das contradições*. Em qualquer desses esquemas o papel da rebeldia negra tende a ser subestimado.

A pesquisa mais recente e atenciosa veio mostrar, no entretanto, que a solidariedade interna da nossa classe proprietária, garantidora da bem sucedida resistência à campanha abolicionista até 1885, só se rompeu com a debandada em massa dos escravos do Sudeste. Provavelmente esse fato permaneceu oculto por uma dupla conjugação de dogmatismo conceitual — "doença infantil" das ciências sociais — e preconceito étnico, inclinados a perceber a história brasileira como exclusivo condomínio de brancos. (Lembremos aqui a definição perspicaz de Clóvis Moura: branco, no Brasil, é aquele que escolheu a cor dos colonizadores para se espelhar).

A *fuga coletiva com formação de comunidade alternativa* tem concentrado, naturalmente, a maior atenção dos estudiosos. A atenção permitiu rever ideias antigas e ideologicamente comprometidas. Não é verdade, por exemplo, que essa forma de rebeldia negra fosse excepcional e localizada. O quilombo foi na verdade universal na América, ocorrendo até mesmo em áreas distantes como São Tomé e Zanzibar.

O próprio conceito de quilombo tem sofrido correções. O vocábulo quimbundo, com efeito, designava ajuntamento transitório de cativos, sob a direção de pumbeiros e/ou autoridades; e tinha, portanto, conotação infamante: o cativo será sempre aquele que aceitou a derrota, preferindo viver. No vocabulário jurídico colonial em que "por quilombo entender-se-á reunião no mato ou em lugar oculto de mais de três escravos" (Coleção de Leis da Província de São Pedro do Rio Grande do Sul), o arbítrio mal disfarça a vilania. Ao que consta, no Brasil, nunca uma comunidade negra se autodesignou como tal: Angola Janga (Angola Pequena) é como se chamava o quilombo dos Palmares; e *mocambo, cerca, terra dos pretos*, parecem ter sido os apelativos mais comuns.

Na literatura histórica tradicional, tanto a conservadora quanto a crítica, quilombo é "ajuntamento de escravos fugidos", informe e passivo. A pesquisa histórica mais recente, entretanto, substituiu a visão de desordem, no interior do quilombo, pela de ordem alternativa. Alternativa em face de que? Da formação social colonial. Em que consistia essa alternatividade? Sumariamente: fartura no quilombo *versus* penúria nos engenhos; policultura *versus* monocultura; produção voltada para dentro *versus* economia de exportação; trabalho coletivo *versus* trabalho escravo; acordo ecológico *versus* predatorismo; apropriação coletiva da terra *versus* apropriação monopolística; convivência racial *versus* segregação; e assim por diante. Não admira, de nenhuma forma, que o colonialismo português (espanhol entre 1580 e 1640; e holandês entre 1630 e 1654) não desse quartel aos quilombos: percebia-os como seu antagônico, dois estados no mesmo território. Os quilombos realizavam ocupação pela força da terra — o mais precioso bem da sociedade colonial —, valorizando-a; não pagavam impostos e, muitas vezes, cobravam pedágios aos fazendeiros.

Aproximadamente desde 1980, quando por iniciativa da Universidade Federal de Alagoas e da extinta Fundação Pró-Memória, instituiu-se o Memorial Zumbi, reunindo a farta documentação sobre o episódio palmarino (mais de cinco mil manuscritos), pesquisadores municiam de informações e argumentos os movimentos negros no seu esforço de fazer reconhecer o papel dos negros escravos na história da sociedade global. Longe vai o tempo em que se davam os negros, escravos ou livres, como "testemunhos mudos de uma história para a qual não existem, senão como uma espécie de instrumento passivo" e "neste sentido a consciência do escravo apenas registrava e espelhava, passivamente, os significados sociais que lhes eram impostos" — como, ainda em 1977, escreveu Fernando Henrique Cardoso[16].

Na mesma cilada parecem cair os estudiosos que, extraindo categorias e critérios gerados na análise da rebeldia operária sob o modo de produção capitalista, ou em suas fases de transição, se recusam a conferir caráter revolucionário às lutas do escravo negro — salvo à insurreição, raríssima e limitada. Ora, pelo que a pesquisa vem demonstrando, a subtração voluntária do escravo negro ao trabalho, em grau menor pela sabotagem, em grau maior pela fuga, causava prejuízo por vezes insuportável ao senhor, pois este devia contabilizar negativamente o tempo de inatividade

16 CARDOSO, Fernando Henrique, *Capitalismo e escravidão no Brasil meridional*, Rio de Janeiro, Paz e Terra, 2a ed., 1977, pp. 126 e 125.

do escravo, os gastos com capitão-do-mato, guarda do escravo, etc. (em caso de fuga) e a queda de seu preço, por fujão, no caso de reavê-lo. O aquilombamento foi, em suma, o coveiro da ordem escravista.

Ainda que o negro como objeto de estudo se considere, entre nós, um tema secundário (inferior ao índio, por exemplo, para a antropologia; e à classe operária, para a sociologia), os movimentos negros só avançaram na medida em que a ciência social esclareceu o passado e o presente das relações raciais. A antiguidade e a influência das civilizações negro-africanas, a africanidade essencial da civilização egípcia, o alto valor comparativo das culturas pré-coloniais africanas, a prolongada resistência do negro africano à dominação colonialista, o preparo tecnológico dos sudaneses traficados para a América e, enfim, mas não por último, a rebeldia do negro brasileiro como capítulo principal de nossa história social por três séculos e meio — eis alguns módulos de conhecimento que aqueles movimentos converteram, com as inevitáveis distorções, em *energia ideológica.*

Também se percorreu o caminho inverso. O notável interesse pelo tema quilombo, de uns vinte anos a esta parte, nasce do encontro entre historiografia e etnicidade. Perguntas alheias à história, enquanto ciência, formuladas por militantes de movimentos negros, e seus aliados, motivam e provocam os estudiosos. Um exemplo: como seria o Nordeste na atualidade se o modelo econômico-social quilombola houvesse triunfado? Palmares se autodenominava *N'gola Djanga*, voz quimbunda (a maioria dos seus fundadores era da bacia do Congo), os colonialistas o traduziram por Angola Pequena, os historiadores, mais tarde, consagraram o nome Quilombo dos Palmares. Pode-se dizer que é como "Brasil Pequeno", um estado autônomo, coletivista e racialmente harmônico que os negros politizados de hoje o concebem. Uma utopia, em suma, uma proposta político-ideológica decorrente da praxis afrobrasileira, como a formulou, por exemplo, Abdias do Nascimento[17].

Trata-se, em suma, de um esforço teórico e, em última instância, de ação política, para pensar o país do ponto de vista do quilombo; na verdade, do ponto de vista menos *do que se sabe* do que *do que se supõe, ou se deseja, ter sido* o quilombo. Não mais o negro que é pensado, mas o que se pensa a si e ao passado e futuro do mundo em que lhe tocou viver. Para o negro politizado, o quilombo parece se aproximar daquilo que o negro norte-americano (seu parâmetro em tan-

17 Ver NASCIMENTO, Abdias do. *O Quilombismo*, Petrópolis, Vozes, 1980.

ta coisa) chama de *soul*: a parte imortal e intransferível do seu ser. Não admira que tenham querido ver o espírito do quilombo em fenômenos tão distanciados como o terreiro de candomblé e o *banditismo* social urbano. Sobretudo não admira que seus *intelectuais orgânicos* se debrucem ansiosamente sobre essas formações negras (ou majoritariamente negras), rurais, mas também urbanas, que se convencionou chamar quilombos contemporâneos.

Não é difícil compreender que os quilombos — mesmo aqueles que, como Palmares, concentraram mais população que a maioria dos burgos coloniais — *tivessem* de ser destruídos. Eram o que, muito mais tarde, se chamaria "problema de segurança nacional". *Tinham* de perder porque se constituíam como alternativa a um sistema *mundial. Comunidades alternativas camponesas*, completemos a fórmula, pois ocupavam, geralmente, terras fecundas a serem necessariamente apropriadas pela lavoura de exportação em expansão. Sua alternatividade[18], foi sua sentença de morte porque, ademais, funcionavam como refúgio das sobras humanas do sistema (brancos expropriados da sua lavoura ou perseguidos da justiça,

18 Dentre as alternatividades da sociedade quilombola chama a atenção a sua democracia racial. Ali, com efeito, "raça" não influía na atribuição de papéis sociais.

mestiços ociosos e índios expulsos). Refúgio ativo, na verdade: aí se ingressava num sistema produtivo, com circulação mercantil regional e renda partilhada.

QUILOMBOS CONTEMPORÂNEOS

Há por todo o país um sem número de comunidades (ou coisa que o valha), suficientemente coesas e isoladas da sociedade global e, em grau variável, da própria sociedade regional, remanescentes de antigos quilombos, ou instaladas por latifundiários decadentes no final do século XIX, ou ainda mais raramente resultantes de "invasões" recentes, para que se possa falar em *quilombos contemporâneos* — expressão talvez preferível àquela que a Constituição de 1988 consagrou, no artigo 68, das disposições transitórias (em que manda a união emitir títulos definitivos de posse em seu benefício), como "remanescentes de quilombos".

Independentemente do grau de inserção na sociedade regional, essas comunidades negras se percebem, e são percebidas pela vizinhança, como grupo peculiar — "Bonsucesso dos Pretos", "Cajá dos Pretos" ou simplesmente "terra de pretos". (nota 11, Romeu) Peculiar e contrapostas. um *quilombo contemporâneo* é, sobretudo, uma família extensa, de parentesco real ou simbólico. Como na África tradicional, a suprema danação aqui é ser sozinho.

É também característica dessas comunidades o que se convencionou chamar posse *útil da terra* — a propriedade comunitária repartida em pequenas roças entre as famílias, cada cabeça de família escolhendo livremente o terreno que pretende roçar; e, enfim, a prática de várias formas de ajuda mútua. O roçado esgota a quantidade de trabalho social disponível apenas nas comunidades mais isoladas — e dessas a pesquisa até aqui encontrou muito poucas. Naquelas em que a inserção na sociedade envolvente é maior, o negro quilombola se encontra em situação ambígua, o mesmo tempo de camponês livre (quando lavra a roça familial) e de assalariado urbano (quando busca na cidade próxima um complemento de sobrevivência). Quanto à religiosidade, os *quilombos contemporâneos*, até onde se pode apurar, são de um pertinaz catolicismo. Os *isolados negros*, como também já foram chamados, recalcam os cultos ancestrais como quaisquer outros agrupamentos negros, funcionando o catolicismo militante, e já nos vinte últimos anos o pentecostalismo, como ligação com a sociedade nacional.

Não se deve, contudo, exagerar a especificidade dos "remanescentes de quilombos", pois também se encontram neles os traços característicos da sociedade caipira: solidariedade familial, relações de vicinagem, laços de compadrio. Sua originalidade de fato reside na maneira única de combinar as características universais da sociedade rural brasileira contra o fundo de uma memória africana, que funciona (como aliás, também na cidade) como um agente catalisador, uma enzima capaz de alterar o movimento de reação das mais diversas substâncias com que entra em contato, sem se alterar ela própria durante o processo. Estudando o *quilombo contemporâneo* do Cafundó, nas imediações de Sorocaba (São Paulo), concluiu um antropólogo: "Noutras palavras, o que estamos procurando afirmar é que a cosmologia do Cafundó é a cosmologia do Brasil rural, e até certo ponto do Brasil urbano também. Que *mafambura* e *caxapura* são palavras de 'língua' do Cafundó que traduzem essa realidade. Por mais 'africanas' que sejam na sua origem histórica, são também e ao mesmo tempo brasileiras e contemporâneas. E talvez a sua continuada reprodução tenha a ver justamente com este fato. É nestas palavras que podemos ver o encontro entre dois aspectos da identidade social do Cafundó: a sua 'africanidade' e a sua 'caipiridade'"[19].

Comunidades percebidas como peculiares, posse

19 FRY, Peter. *Para inglês ver*. Rio de Janeiro, Zahar, 1982, p. 129.

útil da terra, ar de família, catolicismo militante, *propriedade enzimática*, etc., nada disso pode esconder o que é, senão mais importante, ao menos mais premente: os *quilombos contemporâneos* se caracterizam pela "tensão do cerco". O crescimento econômico brasileiro, pelas vias em que se realiza, exige a expropriação dessas diminutas ilhas, ocupantes em alguns casos — como no Maranhão, Piauí e Pará — dos últimos pedaços não apropriados de terra fértil. Não por acaso os "papéis de posse" são a sua paranoia coletiva.

Quilombo contemporâneo é uma expressão que cobre, por extensão, roças de candomblé, terreiros de xangô e de cultos de origem africana em geral (como o da Casa das Minas, de São Luís). Elas constituem famílias rituais, representam certo padrão de geração e distribuição de renda contraposto ao da sociedade envolvente. Reelaboram sem cessar, numa palavra, o que a antropologia chama *estratégias de sobrevivência*, conjunto de maneiras adaptativas às situações sócio-econômicas desfavoráveis. Eis a visão de uma especialista: "Esses 'terreiros' constituem verdadeiras comunidades que apresentam características especiais. Uma parte dos membros do 'terreiro' habita no local ou nos arredores do mesmo, formando às vezes um bairro, um arraial ou um povoado. Outra parte de seus integrantes mora mais ou menos distante daí, mas vem com certa regularidade e passa períodos mais ou menos prolongados no 'terreiro' onde eles dispõem às vezes de uma casa ou, na maioria dos casos, de um quarto numa construção que se pode comparar a um 'compound'. o vínculo que se estabelece entre os membros da comunidade não está em função de que eles habitem num espaço: os limites da sociedade egbé não coincidem com os limites físicos do 'terreiro'. O 'terreiro' ultrapassa os limites materiais (por assim dizer pólo de irradiação) para se projetar e permear a sociedade global. Os membros do egbé circulam, deslocam-se, trabalham, têm vínculos com a sociedade global, mas constituem uma sociedade 'flutuante', que concentra e expressa sua própria estrutura nos 'terreiros'. [...] 'Compound' é um termo comumente aplicado, na Nigéria, a um lugar de residência que compreende um grupo de casas ou de apartamentos ocupados por famílias individuais relacionadas entre si por parentesco consanguíneo"[20].

É sobretudo no exame das *rebeliões de outrem a que emprestou o seu concurso*, que se faz necessário distinguir *negro* de *escravo*, como aliás *escravo enquanto classe* de *escravo enquanto condição jurídica*. No re-

<hr>

20 ELBEIN, Juana. *Os nagô e a morte*. Petrópolis, Vozes, 1977, 2a ed., pp. 32 - 33.

gime brasileiro de escravidão, os escravos não constituíam, enquanto apenas escravos, uma classe social. Havia, é claro, uma classe de escravos, mas nem todos os escravos pertenciam a ela. Escravo era um *status*, uma condição civil decorrente da propriedade legal de um homem sobre outro, um bem móvel. A distinção é importante para se compreender em profundidade o processo histórico de inserção do negro africano e, em seguida, do negro brasileiro na sociedade nacional.

Se é certo que durante todo o tempo a maioria dos negros foi escrava, houve sempre, sobretudo nas cidades, e a parir de 1800 (para tomar uma data), ponderável franja de homens negros livres — os *pretos forros* das devassas e crônicas coloniais. Preto ou negro não foi, em princípio, uma classe. Classe era o escravo de eito, o proletário escravizado criador da riqueza de que viviam os demais, inclusive muitos negros e até mesmo escravos possuidores de escravos. Esse não contava com a solidariedade nem sequer do conjunto dos homens de cor. Só no quilombo ele vencia essa "solidão de classe" (para usar uma expressão consagrada pelo marxismo). E os pretos forros, quem eram? Precisamente os que se haviam livrado da condição servil, os que mantinham a cor e os atributos subjetivos da condição servil, mas a quem a sociedade conferia o prêmio de se distanciar objetivamente daquela condição. Ora, se distanciar objetivamente da escravaria, numa ordem escravocrata, era por um lado se tornar senhor de escravo (e foram sempre muitos, sobretudo nas minas de ouro e diamantes, os pretos donos de escravos) e por outro reivindicar direitos de cidadão, como o de exercer função pública, por exemplo.

A massa de insatisfeitos que pressionou o sistema colonial durante toda a sua duração é a soma (soma mais que aliança) desses pretos forros e mestiços de todos os cruzamentos. Massa que efetivamente, à semelhança do quilombo, põe em cheque a ordem colonial. Pretos forros e mestiços ("cabras") são os insurretos de Pernambuco (1645 a 1654), as tropas mascates (1710), os sublevados de Vila Rica (1720), os conjurados "alfaiates" (1798), os rebeldes de 1817 (Pernambuco), o exército da Confederação do Equador (1824) e da Independência (1822-23), os cabanos (1834-1840), os balaios (1838-41), os sabinos (1837-38) e, enfim, os farrapos (1835-45) e os praieiros (1848-49).

Qualquer dessas rebeliões pode ser tomada como exemplo de participação do negro em revoltas de outrem, a que ele imprimiu por vezes o seu selo — mas que o frustrava sempre. É o caso da Conjuração dos Alfaiates (1798), na Bahia. Conspiração libertária, de marcada influência francesa, começou nos círculos intelectuais, maçons, de Salvador, atraindo diversos pretos forros (soldados e alfaiates) mas também *escravos de ganho* (trabalhadores com a obrigação de entregar ao senhor, periodicamente, certa quantia). A conjuração *branca* teria permanecido nos limites do liberalismo romântico, abstrato, *naturista*, não fosse a adesão dos pretos, que lhe imprimiram um viés social (alguns historiadores apontam mesmo um "socialismo utópico") e étnico. A repressão, descoberto o movimento, mandou desmembrar o processo, um para os trabalhadores, outro para os letrados, condenando à forca e ao esquartejamento cinco pretos (um deles conseguiria fugir).

Houve também, não nos esqueçamos, rebeliões negras pela tomada do poder.

Entre os anos de 1807 e 1835, uma sequência de agitações, tópicas algumas, graves outras, sacudiu a cidade do salvador, ex-capital da Colônia. Foram levantes exclusivos de negros — livres e escravos — que não puseram em risco o sistema, é verdade, mas ameaçaram a segurança do governo. Passaram à história como *rebeliões malês* (*malê*, de etimologia controversa, queria dizer negro islamizado, na maioria de origem nagô ou haussá). Ainda em 1844, ocorreria uma derradeira *rebelião malê* em Salvador, mas o Islã Negro recebera no Brasil um golpe mortal, sobrevivendo ainda por cerca de 70 anos mais (no centro do Rio de Janeiro, João do Rio conheceria mesquitas improvisadas no começo do século XX) apenas como devoção. Com essas rebeliões malês estamos diante de um caso exemplar de interseção dos planos historiográfico e étnico. Nos últimos anos despertaram interesse nos estudiosos e foram "resgatados" por blocos afro e afoxés de Salvador.

A MARGINALIZAÇÃO DO NEGRO BRASILEIRO

A visão comum e a politizada discordam, como se viu, quanto à natureza da primeira etapa da história do negro no Brasil. Para a primeira ela foi marcada pela acomodação, para a segunda pela rebeldia generalizada — é o que chamamos dialética da aceitação-rejeição. Quanto à segunda etapa, porém, as duas visões concordam: foi a *marginalização* que se seguiu à abolição da escravidão, em 1888.

A escravidão brasileira, de negros e índios, foi a mais longa do Novo Mundo, durou de 1500 a 1888. Uma lei na metade do século XVIII pôs fim à escravidão indígena, enquanto os negros tiveram de esperar ainda um século para que a célebre Lei Áurea libertasse cerca de 700 mil deles, num país que vinte anos antes tivera 1 milhão e meio de escravos (sobre uma população de cerca de 10 milhões). Argumenta-se, em geral, entre nós, que esta lei, no seu laconismo, causou a *marginalização* do negro, transformando-o de escravo, com lugar definido no sistema produtivo, em pária social. É um diagnóstico tanto do senso comum quanto das lideranças de movimentos negros.

Na verdade, as transformações da economia brasileira haviam atirado o negro fora do barco muito antes de 1888.

No Centro-Oeste, com o declínio da mineração, e ainda que uma parcela da escravaria fosse transferida para as fazendas de café do Sudeste, o ex-escravo se instalou, livre, em roças de subsistência. Emigraria daí, já no século XX, para as grandes e médias cidades; ou vegetaria em pobres comunidades semi-rurais. No Norte e Nordeste, com o declínio acelerado das lavouras tradicionais de exportação, o escravo se viu frequentemente transformado em *meeiro* (nos casos em que o senhor permanecia instalado) ou *posseiro* (nos casos em que o dono da terra preferiu emigrar). E no Sudeste, enfim, onde deslanchou a economia empresarial (café e empresas urbanas), o ex-escravo foi substituído pelo imigrante europeu livre.

Em qualquer dos casos, marginalização. Mas, sobretudo, no Sudeste (Rio, sul de Minas, São Paulo). Nas antigas áreas de mineração, Norte e Nordeste, a marginalização assumiu características de pauperização, sendo marginal a própria região, subdesenvolvida interna. Aí, onde se concentra até hoje a maioria da população negra, a marginalidade é função do baixíssimo nível de renda geral, agravado pela cor. (Na acepção vulgar, marginal é *o que está fora*; na sociológica é *o que está na borda*, no limite exterior da sociedade, mas *do lado de dentro*, articulado ao que se convencionou ser o centro, desempenhando uma função com relação a ele. Com este significado usamos aqui o termo)[21].

Devemos indagar, a essa altura, por que razões o negro não acompanhou a modernização do país. Ou repondo a pergunta do ponto de vista do senso comum: por que só o pretos não se desenvolveram junto com o Brasil? Uma dessas razões foi aflorada acima: a maioria dos negros se concentrou, desde o fim do século XIX, em áreas economicamente desativadas (ou em desativação) — o Centro-Oeste, o Norte e o Nordeste. Em processo de baixa de renda, tais áreas estavam reservadas, pela lógica do sistema, a *colônias internas*. Mesmo que tivessem, potencialmente, ca-

21 Ver sobre o discutível conceito de marginalidade em sociologia, entre outros: D' INCAO E MELLO, Maria Conceição. *O bóia-fria. Acumulação e miséria*. Petrópolis, Vozes, 2a ed. , 1975; e PEREIRA, Luís. *Estudos sobre o Brasil contemporâneo*. São Paulo, Pioneira, 1971, cap. VII.

pacidade para se promover de escravos a cidadãos, os negros dessas regiões não se beneficiariam nunca de um quadro econômico-social propício (e isto, naturalmente, abstraindo o peso da cor)[22].

O CASO DO MARANHÃO

Tomando o Maranhão como caso, em meados do século XIX a decadência do Norte agrícola estava consumada, a ponto de erigir-se em ideologia — a *ideologia da decadência*, como chamou um sociólogo[23]. Grandes lavradores, intelectuais e administradores da província viam o seu passado como sucessão de três grandes etapas: a gentilidade, de imobilismo e estagnação (até cerca de 1760); a prosperidade, de expansão e enriquecimento (até cerca de 1840); e, por fim, a *decadência*, em que o compasso de desenvolvimento maranhense se torna inversamente proporcional ao do Sul e Sudeste.

O que teria feito progredir o Maranhão, a partir de 1760, e o que, inversamente, o teria atrasado em

22 Quem melhor estudou, até aqui, a escravidão como mecanismo de distribuição geográfica da população negra, mostrando o papel discriminatório do confinamento, foi Carlos Hansebalg: *Discriminação e desigualdades raciais no Brasil*. Rio de Janeiro, Graal, 1979.
23 ALMEIDA, Alfredo Wagner B. de.. *A ideologia da decadência*. São Luís, IPES, 1983.

seguida? A pergunta diz respeito à inserção histórica do negro na sociedade brasileira — negro entendido como *proletariado interno*, lugar social, lembremos, e nunca como "raça", conceito de que nos descartamos na introdução deste ensaio.

Em 1756, D. José criava a Companhia Geral do Grão-Pará e Maranhão, cujo estabelecimento — nas palavras de Garcia de Abranches — foi "a aurora da prodigiosa opulência e engrandecimento desta Província"[24]. Numa economia em que o centro de gravidade está na circulação internacional, a prosperidade efetivamente chegara: escravos africanos, colonização do sertão e financiamento propiciariam, por um período de quase quarenta anos, safras crescentes de algodão, arroz, gengibre, cacau, etc., gerando as principais fortunas maranhenses. Escravos, colonização, financiamento — eis o seu tripé.

---

24 São trabalhos clássicos sobre a lavoura maranhense: ABRANCHES, João Antônio Garcia de, *Espelho crítico político da província do Maranhão*, Lisboa, Typographia Rollandiana, 1822; GAIOSO, Raimundo José de Souza, *Compêndio histórico-político dos princípios da lavoura do Maranhão*, Rio de Janeiro, Livros do Mundo Inteiro, 1970; BRANDÃO, F. A . , *A escravatura no Brasil. (Precedida de um artigo sobre agricultura e colonização no Maranhão)*, Bruxelas, Typ. H. Thiry-Vass Buggenhout, 1865; XAVIER, Manuel Antônio, *Memórias sobre o decadente estado da lavoura e comércio da província do Maranhão e outros ramos públicos que obstam a propriedade e aumento de que é suscetível*, Rio de Janeiro, I.H.G.B., 1956.

Por ocasião da Independência, contudo, a baixa de renda já era manifesta. Gaioso, escrevendo em 1818, aponta os seguintes entraves à prosperidade da lavoura provincial:

1. Falta de terras "por causa do índio" (ele ocupa as "terras da mata", enquanto os lavradores se apertavam nas "terras infrutíferas");
2. O alto preço do escravo, causador de endividamento dos proprietários e execuções judiciais sobre ele;
3. A flutuação do preço do algodão no mercado e, em particular, a grande baixa de 1812;
4. A dupla tributação das lavouras em dinheiro (no Maranhão e em Portugal).

O quadro se invertera e desses óbices, apenas os dois primeiros estavam ao alcance da classe dirigente local alterar. Primeiro ela tratou de ressuscitar as bandeiras, que varressem das terras do Turi, do Itapicuru e do Mearim, os remanescentes das nações gamela e timbira. A concepção que essa classe dirigente do Maranhão fazia da prosperidade regional era idêntica, absolutamente, à que a classe senhorial brasileira fazia do desenvolvimento nacional: não incluía o índio. Suas atividades agrícolas, fora da circulação mercantil, não eram tidas como produtivas.

Concomitantemente, os fazendeiros maranhenses trataram de se desfazer do que chamavam "quarta classe" — a escravaria. Não é fácil, com as informações até aqui acumuladas, puxar o fio do embaraçado novelo que é a liquidação do escravismo maranhense. Uma de suas pontas é, porém, sem dúvida, o peso econômico, social e político do aquilombamento (e ainda que o seu pico máximo ocorresse depois, entre 1860 e 1888, do da exportação de negros para o Sudeste). O preço do escravo negro se torna proibitivo para o fazendeiro maranhense, não apenas porque as vicissitudes do tráfico o fizessem subir. Com a continuada baixa de renda, e mesmo descontando o parêntesis dos anos 1870, os laços de submissão dos escravos se afrouxaram. Fugas e rebeldias se tornaram o cotidiano da província. *Segurança pública* (leia-se ameaça quilombola) passou a ser, por volta de 1820, o tema principal dos relatórios de presidentes de província[25]. Como no caso de Palmares, o mais grave para as autoridades é que os quilombolas e aldeamentos indígenas — por vezes fundidos numa só unidade — ocupavam fecundas "terras de mata", enquanto os lavradores arroteavam glebas cansadas ou pobres.

25 Um bom resumo dessa questão está em B. DE ALMEIDA, Alfredo Wagner, op.cit., no capítulo "Quilombos, Selvagens e facinorosos: Pânico na Capital e no Sertão".

Vender o escravo para o Rio ou São Paulo antes que fugisse, acarretando o duplo prejuízo da perda e do investimento (a fundo perdido) na repressão ao quilombo: a fórmula salvadora estava pronta. Havia outra saída? Instalar o escravo na condição de *servo*. (Servo no sentido quase medieval daquele que paga em trabalho, ou espécie pelo uso da terra; e a quem o amo está ligado pelo compromisso da proteção em troca da fidelidade na paz e na guerra). Mesmo os fazendeiros que conseguiam exportar negros na flor da idade deviam *instalar* os outros, velhos, mulheres e crianças, o que em geral se fazia sob o comando do antigo feitor negro ou mulato. *Instalar* igualmente também os muitos libertos da fase anterior.

Conhecemos pouco, é verdade, a história e vida atual das aldeias negras do Maranhão, tratadas neste texto como "quilombos contemporâneos". Comparativamente ao que sabemos sobre as de outras regiões é, no entanto, bastante, e confirma, nos grandes traços, a veracidade daquele processo. Constata-se, por exemplo, para começar, a importância da referida *instalação* servil como geradora da comunidade negra rural. Com efeito, a memória mais antiga dessas ilhas de campesinato livre, economicamente definidas pela posse útil da terra, costuma se referir a um *senhor bondoso* que lhes doou a terra, fundando, dessa maneira, a comunidade. Ao *senhor bondoso*, ao *fim da sujeição* e aos *papéis* — esta paranoia dos grupos camponeses livres, e não só no Brasil e não só de negros, aliás[26].

O que quer que tenha vindo antes da doação e seus papéis, é sempre lembrado como *sujeição*, cativeiro, privação de liberdade, entendida primeiro que tudo como falta de terra, desorganização da família, trabalho sem descanso, castigo sistemático. Nada muito diferente da memória geral do cativeiro que teme o negro por toda parte: sofrimento caótico, quase inapreensível pela lembrança. O negro passa a existir quando ganha a terra e isto aconteceu *ao mesmo tempo* em que "*gritaram liberdade*" e, desde então, *instalados* e "sem sujeição" se tornaram parentes entre si. Datar o tempo histórico em que se deu essa passagem, nos vales quentes dos grandes rios maranhenses, não é difícil, como vimos: quase nunca antes de 1850 e raramente depois de 1888.

Na memória desses negros maranhenses, o que se seguiu foram *anos felizes*. Anos felizes por estarem imprensados entre o cativeiro infernal — caotizado pela memória — e a atualidade dramaticamente insegura,

26 Sobre a paranóia dos papéis, fora do Brasil, ver HOBSBAWN, Eric J., *Peasant land occupations*, Londres, Oxford, Past and Present, 1974.

em que os *papéis* de doação têm de ser escondidos, os grileiros enfrentados à bala, a terra e seu corolário imediato, a liberdade, defendidas como ato final. Trata-se de uma "idade de ouro", ideal, mas podemos supor que, de fato, nesse período de sua história, esses *isolados negros*[27] gozassem de fartura, tirando uma ou outra ocasião de estio prolongado; e se sentissem seguros, descontando invasões esporádicas de fazendeiros ou migrantes brancos pobres. (Fato que consta ter ocorrido somente no Maranhão foi a tentativa governamental de assentar migrantes cearenses, no lugar dos estrangeiros, aproveitando a estrutura agrícola, arquitetônica e comercial dos quilombos. Não deixa de ser curioso esse reconhecimento não confessado da capacidade de o ex-escravo organizar a produção e a aldeia, quando o argumento principal da classe dirigente contra o aproveitamento da mão--de-obra negra era justo a sua incapacidade).

A que período da história nacional corresponderia essa "idade de ouro"? Ao de decadência, ou atraso, do Maranhão com relação ao conjunto do país — os longos e pesados anos que vão de aproximadamente 1870 a 1950. A prosperidade daquelas comunidades

27 A designação é de CORREIA LIMA, Olavo, *Isolados negros do Maranhão*, São Luís, Gráfica São José, 1980.

negras rurais foi, então, inversamente proporcional à baixa de renda da economia regional. Por suposto que a estagnação geral encerrava as comunidades camponesas livres, ou semi-livres, num círculo de ferro além da qual não podiam escapar (não tinham, por exemplo, qualquer chance de se beneficiarem da economia de mercado). A mesma fraqueza da economia maranhense, no entanto, lhes garantia uma notável autonomia, dentro da qual sua gente desfrutava de uma pobreza altiva, em contraste com a vizinhança não-negra, e (visto que a idealização também compõe o real) contente. Seriam desde sempre, e ainda hoje, comunidades pobres, mas não miseráveis, estando a diferença em que as primeiras conhecem a escassez mas não a penúria, mantendo intactas a coesão grupal; e a capacidade de recriar estratégias coletivas de sobrevivência. Não por acaso se nota, ainda hoje, na sociedade envolvente, respeito pelas "terras de preto", certa admiração pelo seu estilo de vida e o reconhecimento quase geral da hegemonia cultural que esses aglomerados exercem.

Por volta de 1950 se encerram os "anos felizes" das comunidades negras rurais maranhenses e começam os "de luta". O pior inimigo não mais será o fazendeiro ambicioso e inconformado de que terras tão promissoras pertençam a simples pretos, nem o "cearense" tangido pela seca e pelo latifúndio. Elas terão de se defender — frequentemente sozinhas, lembrando a solidão do escravo de eito colonial — suas terras de um inimigo invencível: o projeto de desenvolvimento nacional que agora, diferente do passado, inclui e articula essa derradeira nesga de terra fecunda por apropriar, que é o Maranhão. O inimigo tem agora a cara do boi[28].

O CASO DE SÃO PAULO

Devemos encontrar agora as razões que expliquem a marginalização do negro num quadro ascendente, como o do Sudeste, a partir do fim do século passado.

Não nos satisfazem, é claro, as razões correntes: 1ª) o sistema produtivo nacional não tinha capacidade para assimilar a totalidade da população, ainda que se encontrasse em expansão; 2ª) o negro não estava suficientemente apto para exercer o trabalho livre, concorrendo no mercado de assalariados. Essas razões correspondem, naturalmente, a uma meia- verdade e esta em História, como se sabe, é mais difícil de desalojar que a mentira inteira.

28 Sobre a expropriação das comunidades rurais negras do Maranhão por intermédio da pecuária, ver, entre outros, SOARES, Luís Eduardo, *Campesinato: idologia e política*, Rio de Janeiro, Zahar, 1981.

Para começar, o negro não perdeu sua chance exclusivamente como assalariado. Ele a perdeu, também, como pequeno produtor independente — artesão especializado e dono de oficina. Como o número de pretos libertos viesse crescendo, em nossas principais cidades, desde a metade do século XVIII, se formara algo assim como o embrião de uma burguesia negra. Eram milhares de alfaiates, carpinteiros, mestres-de-obra, ferreiros, ourives, barbeiros, dentistas práticos, mineradores, músicos, tropeiros, vendeiros, militares, etc., que deram a Joaquim Nabuco a impressão de um formigueiro correto e apressado. Desse esboço de classe média é que vão sair muitos dos mulatos "pretos de alma branca" que se destacaram no mundo artistocratizante do século XIX. No entanto, qualquer coisa que se passou entre 1870 e 1900, mais ou menos, fez abortar esse embrião capitalista.

Não é difícil detectar o que se passou. Por um lado, a abertura do país aos investimentos estrangeiros e, por outro, a automatização, em geral, da produção de objetos: essas circunstâncias é que liquidaram o pequeno produtor preto independente das cidades. Teriam, na verdade, liquidado qualquer pequeno e médio empresário brasileiro, mas a peculiaridade, no caso, está em que este era em boa parte preto. (Até à altura da Indepêndencia, 1822-31, o pequeno e médio produtor de objetos branco devia ser minoritário; prova disso é que, quando surgir, a burguesia empresarial brasileira será filha muito mais do pequeno produtor imigrante que do pequeno-burguês branco brasileiro. Do pequeno produtor imigrante e, é claro, da "aristocracia rural" endinheirada).

O fator *preconceito racial* desempenhou algum papel naquela liquidação? Certamente, mas é preciso relativizar ideias vulgarizadas depois — "negro não dá pra negócio", "não tem iniciativa, não faz nada direito", etc. — não parecem ter sido comuns no tempo da Colônia; recaiam mais, na verdade sobre o mulato, sistematicamente ocioso. Vulgarizaram-se justamente a partir da expropriação do pequeno produtor negro independente, nos fins do século XIX, o preconceito sendo aqui, como quase sempre, a naturalização do fenômeno histórico. A sociedade brasileira nunca fez, é certo, boa ideia do negro; mas lhe reconheceu, como testemunha a crônica colonial, no passado mais remoto, a capacitação técnica, o espírito inventivo, a facilidade em aprender, a disciplina no trabalho.

O preconceito de cor terá pesado adiante, quando se constitui o mercado do trabalho fabril. Aí o candidato negro, especializado ou não, será nitidamente preterido pelo branco, de preferência o branco estrangeiro — alemão, eslavo, mediterrânico, ibérico, nessa ordem. Três séculos de escravidão haviam tornado preto e escravo sinônimos quase perfeitos, de sorte que quando se pensar em futuro nacional, destino nacional, objetivos nacionais, logicamente o trabalho com que se conta não é o dos pretos, identificados no imaginário nacional como escravos. Desde a metade do século XIX, mais ou menos, os responsáveis legais pela construção do país operavam um silogismo: se branco é bom trabalhador e os alemães são os mais brancos europeus, a política de imigração deve se concentrar neles. De toda forma e nos termos mais genéricos, o que vai ficando claro com o avanço das análises é que no projeto de nação das elites brasileiras, em vias de se completar nos dias de hoje (voltaremos a isso) não há lugar para o negro e o índio. Essa deliberação, traduzida em estratégias políticas, aparece claramente como causa maior do que se convencionou chamar marginalização (ou exclusão) do negro. Nesse sentido, aliás, e não em outro, é que se pode dizer que a sociedade brasileira é essencialmente racista.

O trabalho livre modernizaria o país. Para os líderes da campanha abolicionista o trabalho escravo *devia acabar* porque com ele não começaríamos da construção da pátria grande e próspera dos nossos sonhos. Havia, contudo, nesse projeto progressista uma conotação, um intento, uma sutil determinação racista: os negros *não podiam* ser promovidos a trabalhadores livres. É como se ao jogar fora a água da bacia fosse a criança junto. Joaquim Nabuco, um dos porta-vozes da vertente conservadora da Campanha, encarava mesmo a Abolição como simples institucionalização do branqueamento — nem mesmo meio-branqueamento aceitava. A escravidão devia acabar para que com o tempo e uma seletiva política de imigração nos tornássemos predominantemente caucásicos.

Não é preciso voltar ao discutido cruzamento de raça e classe, em nosso país, para ver que a imagem do escravo se colara, naqueles trezentos e tantos anos, inapelavelmente na pessoa do negro. Qualquer análise da situação hoje deve, pois, arrancar deste fato: os estereótipos contra o escravo se ergueram como primeira e mais solida barreira à sua inserção no "país moderno" com que sonhavam os abolicionistas. Os estereótipos e a barreira se levantaram em todo o país, conformando-se, ainda aqui, aos distintos compassos regionais de desenvolvimento, gerando as mais diversas modalidades de exclusão. Em São Paulo, por exemplo, os imigrantes europeus (foram cerca de 3 milhões entre 1870 e 1930) levaram nítida vantagem sobre o ex-escravo preto.

Dentre as razões vulgarmente aventadas para essa vantagem, uma parece inequívoca: o estado, encampando o preconceito que associava integralmente escravo, preto, mau trabalhador, mau cidadão, executou a política deliberada de branquear o país — o que significava todo apoio ao imigrante e nenhum ao trabalhador nacional. Uma outra razão, a saber: o preto estava mal equipado, no momento da decolagem da economia empresarial para acompanhá-la, não resiste a uma análise mais atenta. Como vimos, mais do que o branco livre, o preto forro foi, desde a metade do século XVIII até perto da metade do seguinte, o empresário brasileiro em potencial. Isso quer dizer que ele possuía o equipamento básico (ou ao menos uma parte dele) para decolar. Teria decolado não fossem mais fortes as circunstâncias econômicas, políticas e ideológicas adversas da sociedade global e do momento histórico.

Quanto à habilitação que se requeria do candidato a operário fabril, por exemplo, onde *naturalmente* o negro devia se concentrar, ela foi em nosso país, durante muito tempo, mínima. Nossa industrialização, do tipo "substituição de importações" começou pelos ramos têxtil, material de construção, bebidas e alimentícios, transformação, etc. Estavam aparelhados para ela tanto negros *boçais* quanto, por exemplo, ex-aldeões do Trieste. Tanto é assim que não foi desprezível o concurso de trabalhadores escravos em nossa primeira decolagem industrial, a do período imediatamente anterior à Abolição.

Ainda assim, parece certo que no Sudeste empresarial brasileiro faltasse alguma coisa ao preto — aptidão, capacidade de trabalho continuado, antecedentes e/ou predisposição, conforme o ângulo. Na verdade, e para recolocar também aqui os termos reais do problema, o que lhe faltava, em primeiro lugar, era o que a sociedade *decidira que lhe faltava*. Chamou-se a isso "ideologia de barragem". É possível distinguir na região cafeeira do Sudeste duas sub-áreas. A distinção sem dúvida facilita a compreensão dessa "ideologia de barragem" (um eufemismo sociológico para discriminação racial):

1a) sub-área de baixa produtividade;
2a) sub-área de alta produtividade.

Na primeira (parte fluminense do vale do Paraíba) último bastião do escravismo, a libertação criou o *negro-que-prefere-ficar-com-seu-senhor*. São o negro paupérrimo da rocá e o negro mendicante. Já na sub-área cafeeira de alta produtividade (oeste e norte paulistas), a "ideologia de barragem" criou simplesmente negros desocupados; desocupados e malditos, pois não tinham a mínima capacidade de concorrer com trabalhadores brancos nacionais ou imigrantes de que a lavoura capitalista precisava e preferia. Curiosamente, como se vê, sua sorte parecia ser pior onde a economia era mais desenvolvida.

Se é assim, melhor se nos revela o caráter da transição brasileira para o trabalho livre: ela foi, na sua essência, a dispensa do escravo negro. O trabalhador negro escravo, afinal, havia gerado o seu contrário, o trabalhador branco livre.

Esse paradoxo foi típico, embora não específico no norte e oeste paulistas. Nas maiores cidades brasileiras da fase precedente (Rio, Salvador, Recife, Vila Rica), instalara-se nos serviços urbanos uma camada de libertos (em geral por alforria). O que, no fim do século XIX, impediu esse grupo proporcionalmente numeroso de artesão de se transformar em burguesia? Ou, feita a pergunta de outra maneira: por que o negro artesão livre do século XIX não se promoveu a burguês, ou pequeno-burguês, do século XX?

Diversos analistas têm insistido na "desorganização inata" da família negra como fator de desvantagem na sociedade de classes. Enquanto o imigrante se apresentava no mercado de trabalho e, logo, na raia da competição social, com uma família nuclear permanente, o preto se apresentava solitário ou, no outro extremo, carreado de laços frouxos — indisciplinado, predador, gastador, desmotivado. Mau empregado, em suma. A desvantagem face ao imigrante estrangeiro era notável, sobretudo na sub-área cafeeira do norte e oeste paulistas, uma vez que a família nuclear constituía ali a mola propulsora da poupança e, logo, da acumulação.

Outro fator da desvantagem do negro, na raia da competição de classe, foi a "cultura da festa". A insólita capacidade de rir da própria desgraça ou, mais precisamente, viver em festa uma vida de privações materiais (nosso linguajar comum está repleto de expressões como "levar na flauta", "dar a volta por cima", etc.) é reconhecida como peculiar atributo do negro. É um dos indicadores do negro como *lugar*. (A festa da Abolição durou semanas e é curioso e ilustrativo acompanhar a reação das autoridades, tanto as escravocratas quanto as abolicionistas, àquele regozijo popular: primeiro *festejaram* junto, depois *lembraram* que o trabalho esperava, depois *ameaçara* os vadios e, enfim, *acionaram a polícia* para esvaziar as ruas. Houve, claro, políticos e intelectuais dispostos a uma atitude paternal, lembrando que os negros tinham boas razões para odiar o trabalho e que a Abolição tinha sido um acontecimento capital em suas vidas, etc.).

Tem-se discutido, no Brasil como nos Estados Unidos, aliás, o significado desses dois fatores — a desorganização da família negra e a "cultura da festa". Descontados os exageros impressionistas, "folclóricos", por assim dizer, a discussão pode ser interessante. Para começar, nos dois fenômenos, cristalizou-se antiga e arraigada convicção ocidental — o preto como primitivo do branco, como seu inconsciente, "sua expressão sincera". Trata-se da dificuldade universal de perceber o outro como tal, independente do nosso referencial e escala de valores. *Percebido* daquela maneira, o preto brasileiro passou a *se perceber* assim, converteu em *real* o que não passava de imagem idealizada. Beneficiou-se mesmo dessa imagem reflexa para obter ganhos valiosos: se era insofismável que *não dava* para operário/patrão, *dava* muito mais que o branco para a música e o futebol. Aplicou, na verdade, uma das leis básicas do sistema a que não conseguia se adequar, a da especialização do trabalho.

O período convencional da história do Brasil que vai da Abolição (1888) à Revolução de Outubro (1930) é o do acabamento da marginalização do negro, o da sua conversão em "mau cidadão", ele que fora tido, nos primeiros séculos da nossa formação, como "bom escravo". Gestou-se nessa fase a ideologia racial brasileira, compartilhada por brancos e negros (aqui tomados como "raças" e como *lugares sociais*), esse conjunto de ideias incontestadas (salvo pelos

movimentos negros na fase recente, como demonstramos), uma legítima *cultura do racismo*. A partir
dos anos 1930 (como também demonstramos) aque-
las ideias se escoimaram e sistematizaram no mito
— só hoje, é claro, percebido como mito — da democracia racial.

Como pensar e, em última análise, incorporar esse
fato histórico de *curta duração* ao fato principal, de
longa duração que é a presença do negro em nossa sociedade? (Talvez seja mais apropriado dizer em nossa
civilização). Em seguida, como pensar, e incorporar,
essa presença no processo de *conclusão* da nação brasileira? É o que ensaiaremos no capítulo seguinte.

O NEGRO E A QUESTÃO NACIONAL

"QUILOMBO"

É impossível saber se as duas visões da história do
negro no Brasil (a dos negros politizados e a dos negros comuns) se compatibilizarão no futuro. Se acontecer, os movimentos negros ganharão outra amplitude, passando a influir nos rumos da nação (entendida
aqui, sumariamente, como poder nacional). A história, contudo, se reescreve sem cessar: eis uma contin-
gência que inclui até mesmo os que se empenham,

num determinado momento, em liquidar as tolas e preconceituosas "versões oficiais".

Em junho de 1984 chegou às telas do país o filme *Quilombo* de Carlos (Cacá) Diegues, produzido por Augusto Arraes. As infindáveis e apaixonadas discussões que provocou deixaram à mostra a impossibilidade de um "pensamento único" na questão da inserção do negro. Defrontaram-se, para começar, os que "não viram e não gostaram" com os que "também não viram e gostaram". As discussões revelaram também o quanto os movimentos negros (chegaram a ensaiar um boicote ao filme) são sensíveis à folclorização dos seus símbolos e emblemas, tanto mais que o realizador apresentou a superprodução como um "comercial da felicidade".

As chamadas "minorias étnicas" brasileiras reivindicam há tempo o "direito à história". O tombamento por seu valor histórico (e não apenas etnográfico) do terreiro da Casa Branca, do Engenho Velho, em Salvador (maio de 1984) foi, nesse sentido, e para exemplificar, interessante vitória[29]. Palmares "entrou para a

29 A Casa Branca foi a matriz dos terreiros de candomblé da Bahia (fundado por volta de 1830). Vinha sendo "invadido" pela especulação imobiliária e estava em situação física precária. A mobilização da opinião pública em sua defesa, bem como a demonstração do seu papel histórico, acabou por acionar os órgãos federais competentes.

história" graças à pressão dos movimentos negros, no começo dos anos 1980. Ressalvado o papel de historiadores isolados (como Décio Freitas com o clássico *Palmares, a guerra dos escravos*, publicado sob o regime militar, e primeiro no Uruguai), sua passagem do folclore alagoano para os manuais didáticos foi conquista deles. Ora, como aceitar (reclamaram os movimentos) o seu retorno ao folclore (no sentido lato), como parece acontecer no filme? Aqui estava o ponto de afastamento máximo da visão de Diegues e das lideranças dos movimentos negros.

Os negros de *Quilombo* estão, de fato, e intencionalmente, *carnavalizados*. Todo o tempo bebem, dançam e cantam; o próprio cenário é "tropicalista". As personagens negras são mágicas, históricas, eróticas; as brancas, diacrônicas, lineares, discursivas. Ouvimos nessa dicotomia os ecos não muito distantes do "negro dionisíaco versus branco apolíneo"[30] — o que desorganiza versus o que organiza. Essa equação corresponde a alguma verdade? De todo jeito, o negro como inconsciente, como noite, como o-que--vem-antes-do-branco, está na consciência vulgar

30 Sobre o caráter dionisíaco do negro, em contraste com o branco, ver , entre outros, o prefácio de Gilberto Freyre para *O negro no futebol brasileiro*, de Mário Filho, Rio de Janeiro, Civilização Brasileira, 1964.

brasileira. Damião prosseguirá, dentro da madrugada de São Luís, sua caminhada em direção ao bisneto clarinho, ao som dos atabaques trazidos do Daomé[31]. Intelectuais negros têm se dado conta da falácia dessa hipótese, mas a crença de possuir com exclusividade a chave dos instintos, das emoções mais sinceras (Freyre escreveria que "o brasileiro é negro nas suas expressões sinceras"), básicas e profundas da espécie humana, está enraizada fortemente na auto-imagem dos negros. Dioníso, Eros e mais completamente Exu jazem no seu fundo narcísico.

Ora, essa visão e a "cultura da festa" que dela deriva se chocam com a reivindicação do "direito à história". Além disso se alegou que *Quilombo* reabilita Ganga Zumbi (e, secundariamente, o algoz Jorge Velho) e diminui Zumbi. Eis de volta os emblemas da aceitação-rejeição, o mais antigo e recorrente dilema da inserção do negro na sociedade brasileira. De fato, se definimos herói como "o que encarna dramaticamente um sentimento, uma vocação coletiva num momento dramático", o filme, de fato, heroiciza os três protagonistas — Jorge Velho, "herói da gente brasileira", exterminador de índios e de negros em troca

31 MONTELLO, Josué. *Os tambores de São Luís*, Rio de Janeiro, José Olympio, 1970.

de terra que, no entanto, lhe é negada; Ganga Zumba, herói da maioria negra, presa da aceitação-rejeição que moldou o cotidiano e o destino histórico dos negros no Brasil; e Zumbi, herói da minoria negra politizada, empenhado na negação do *todo* brasileiro. Por outro lado, o filme de Cacá Diegues concebe Palmares como legítima rebelião colonial. Contrariando a tradição historiográfica nacional; contraria, igualmente, a preferência dos movimentos negros, em geral, pelo isolamento da rebeldia negra. O filme, ao contrário disso, apresenta um Palmares como portador da utopia brasileira, não apenas como episódio relevante da história do negro. Coloca-nos diante da questão principal: a problemática negra diz respeito ao negro ou ao Brasil?

PARA QUE SERVE O NEGRO BRASILEIRO?

Para a maioria dos leitores desse ensaio, essa pergunta terá um significado preciso: o que se indaga é pelo lugar econômico-social do negro, de que maneira ele se insere em nossa estratificação social. Entendida por esta forma a pergunta não é difícil de responder. O negro tem servido, em nossa sociedade, para indicar o pior lugar, daí a multiplicidade das "estratégias de sobrevivência" que ele vem pondo em prática inclusive a luta organizada contra o racismo.

Teria, contudo, a pergunta outro significado? Para apreendê-lo, será preciso ter em vista a *crise brasileira*. Contra esse pano de fundo é que o ser negro adquire o seu mais nítido e dramático contorno. Mas o que vem a ser *crise brasileira*? Há nas ciências sociais poucos conceitos tão elásticos quanto o de crise. Nós o tomaremos aqui como cadeia de impasses cuja superação, unicamente, conduzirá a nova etapa histórica, superação contida, desde logo, como *possibilidade*, no âmbito desses mesmos impasses. A humanidade, como as crianças, provavelmente só faz as perguntas para as quais, de alguma forma, já tenha alguma resposta.

Há uma cadeia de impasses peculiar ao Brasil, uma crise específica nossa, mas de diversas maneiras participamos da crise da história contemporânea mundial. O que tem a ver um movimento social, localizado e de pouca amplitude, como o movimento negro (que como disse em outro lugar talvez deva ser nomeado no plural, *movimentos negros*) com o feixe de desafios da história mundial? Uma primeira resposta está em que a quase totalidade daqueles problemas se manifesta no espaço brasileiro, direta ou indiretamente — como é o caso, por exemplo, da confinação e liquidação de culturas tradicionais. Ora, nenhum movimento, constante de ações políticas e racionalizações, pode agora se pensar abstraindo o quadro mundial, em forma de história e de projeção para o futuro. A sobrevivência e crescimento do movimento negro brasileiro dependem da sua capacidade de refletir sobre o que se convencionou chamar de *crise mundial*, na sua forma presente e nos seus desdobramentos.

Serve de exemplo a questão da *identidade negra*. A história é, sem dúvida, uma de suas dimensões decisivas — e como tal vem sendo esquadrinhada por especialistas e intelectuais negros. A revisão da história brasileira como consequência de demandas dos movimentos negros, como se demonstrou neste ensaio, constitui mesmo um dos fatos mais estimulantes da nossa atualidade, haja vista o resgate do episódio palmarino, que forneceu à historiografia colonial elementos indispensáveis para elucidar a formação e dinâmica da sociedade escravista. Mas a história não é, por si só, suficiente para desenhar uma *identidade negra*. Até mesmo porque o seu conhecimento introduz, sem cessar, novas demandas, *cujas satisfações devem estar adiante, não atrás*. Veja-se a identificação com modelos negro-africanos (explicavelmente por via norte-americana) que foi no começo dos anos 1970 o primeiro impulso da *negritude* brasileira. Na Bahia e no Maranhão onde esse impulso, por razões óbvias, foi maior, após breve antropofagia de motivos norte-americanos, se passou a elaborar os caribenhos e jamaicanos para, nos últimos dez anos, enveredar, enfim, por uma apropriação de motivos negro-brasileiros. A temática dos afoxés e "blocos afro" de Salvador chegou, hoje, à exaltação da África antiga e contemporânea, assim como do passado escravista e pós-escravista do próprio negro baiano. Parece ilustrada aí a cilada da identificação pela história: ela remete sempre do passado mais remoto para o mais recente.

O que vai ficando claro aos intelectuais negros — intelectuais aqui no sentido de *os que dão voz a demandas coletivas* mais que no acadêmico — é que a construção da identidade negra é, antes de tudo, uma projeção sobre o presente e o futuro, e num espaço supranacional. Ela seria, em suma: *consciência histórica* (tendendo para a história recente) + *consciência supranacional* + *perspectiva de presente/futuro*. Essa descoberta trouxe como corolário a reflexão sobe os *mecanismos de produção da cor* no Brasil — por exemplo. Produziu também uma nova categorização do *ser negro*. Este seria um ser em construção, basicamente autodefinido, enquanto *preto* seria a criatura definida pelo branco, a sua banda podre (por assim dizer). (A sugestão psicanalítica desse ponto de vista parece evidente: o branco e o preto como *Superego* e *Id*, respectivamente).

A tentativa de incorporar à sua problemática e, naturalmente, aos seus processos de identificação, a crise mundial e mesmo latino-americana, é geralmente um ponto de atrito entre os movimentos negros e a inteligência brasileira. Essa inteligência, mesmo quando se faz de esquerda, prefere ver o Brasil como bloco homogêneo em face do mundo, sendo, portanto, irrelevantes as dimensões étnico-raciais da *crise brasileira*. Mas em que consiste basicamente esta *crise*? Podemos examiná-la em dois níveis.

O conjuntural dispensaria, por evidente, maiores detalhamentos, ainda que nos seja difícil abstrair os resultados catastróficos do atual padrão de acumulação; a conversão do estado brasileiro em eficiente transferidor de renda para o bloco hegemônico que detém poder há pelo menos meio século; e enfim a falência das concepções político-ideológicas à disposição de nossa "classe política".

Há, contudo, por trás dessas circunstâncias uma crise sistemática e bem antiga, localizada na raíz da formação brasileira; e essa, justamente, é que parece fadar ao insucesso, de antemão, quaisquer formas que as elites brasileiras experimentaram para concluir a nação, desde o advento da república — fossem conservadoras, liberais, rousseaunianas ou populistas. E *desde a república* porque só então se passou a projetar o país como nação.

A NAÇÃO INCONCLUSA

Éramos, com efeito, ao terminar o século passado, uma *nação inconclusa*. O exército, como corpo profissional, orgânico, presente em todo o território, só se constituiu entre 1865 e 70. A escravidão, que deixava a esmagadora maioria da população fora da cidadania, só se aboliu em 1888. O voto universal, salvo para analfabetos, é de 1891. A federação, idem. O que, desde então, chamamos *unidade nacional* se concluíra — com um rastro de sangue sem paralelo em toda a América — apenas em 1845, com a liquidação da república farrroupilha. E, enfim, só com a lavoura cafeeira, por volta de 1860, demos o primeiro passo na direção de uma economia cuja renda gerada se acumulasse, em maior parte, no interior do país.

Aquilo que os bacharéis republicanos e os militares positivistas chamavam de nação era, pois, um mero projeto. Contavam, é verdade, com alguns elementos indispensáveis: um território, forças armadas (sobretudo Marinha), ponderável unidade linguística, uma tênue e incipiente consciência nacional, que a guerra fizera nascer, uma classe proprietária relativamente homogênea e solidária. Faltava, no entanto, o povo — no sentido histórico de população que vivendo num território dado mantém sobre ele uma relação de apropriação, sobre o a qual assenta o direito de cidadania.

A população eram negros escravos e índios despossuídos; os primeiros despossuídos até mesmo do seu próprio corpo. Por outras palavras, o desafio da elite republicana era construir uma nação com uma população que *estava aqui* mas *não era daqui.*

O modelo com que trabalharam era o que estava na experiência de quatro séculos de sistema colonial-escravista. Um prócer da República, Rui Barbosa, postulava ser a "pátria a família amplificada". Que família? Se é certo que a invenção humana só trabalha com materiais ofertados pela história, só poderia ser a família patriarcal escravista, que imperou por três séculos e meio, e não outra. No centro, absoluto, o macho branco; à sua volta, em círculos concêntricos, e pela ordem, seus familiares de sangue, agregados brancos e mestiços e, por último, índios e negros do seu serviço. Como nos sistemas heliocêntricos da astronomia medieval, a estabilidade e a coesão dependiam do girar imutável dessas órbitas fixas.

Quase cem anos passados, e em que pesem mudanças substanciais na organização estrutural da sociedade brasileira, ainda é aquela visão de Brasil que está no senso comum. O discurso do brasileiro médio a respeito da questão étnico-racial é, por isso, literalmente dogmático: *negros, índios, caboclos são, antes de tudo, brasileiros.* Provavelmente isto quer dizer que todos eles têm lugar assegurado na grande família brasileira e também que suas idiossincrasias e interesses só serão tolerados enquanto não ameacem a unidade e a boa ordem do conjunto. Aí está o significado da sentença passada por um humorista: "Aqui não temos problemas raciais: o negro reconhece o seu lugar".

O que entendemos por nação continua a ser, pois, a família patriarcal-escravista amplificada Os projetos que nossa elite concebeu para ela tinham de entrar em colapso, porém, mais cedo ou mais tarde. Os índios, que se intitulam agora *nações* indígenas, "não reconhecem mais o seu lugar"; e nem desapareceram ou integraram a grande família nacional. Antes ao contrário: os movimentos indígenas, ao mesmo tempo que afirmam sua alteridade, exigem o reconhecimento da sua relação de apropriação com uma parte do patrimônio físico dito brasileiro.

Esse vício profundo e antigo da Nação — uma nação sem povo, concebida à imagem e semelhança da família senhorial — ajuda a explicar o autoritarismo congênito do Estado brasileiro. O jogo político institucional, a burocracia e o aparelho fiscal, as forças armadas e as leis — tudo isso só pode alcançar os parentes marginais da grande família com brutalidade sistemática. Nesse quadro, o que os movimentos sociais recentes, em geral, e mesmo descontando a sua incipiência, trazem de novo é a possibilidade de organizar a sociedade a salvo do braço da nação-estado. A salvo até mesmo dos partidos políticos que tendem, por vez o histórico, a encará-los como meros instrumentos de ação política.

Conectada a esse aspecto de fundo, aparece a falência dos conceitos de cultura e civilização brasileiras. Essas categorias só se descolonizaram na cabeça de alguns intelectuais e poucas lideranças políticas. O aparelho de ensino, em crise permanente, e o conjunto das instituições públicas culturais, por exemplo, ignoram o universo pluricultural em que estão imersos. Trabalham como se a população brasileira fosse irremediável e exclusivamente vinculada aos valores da tradição helênico-cristã, mesmo diante do fato óbvio de que muitos símbolos nacionais (talvez os principais) sejam africanos de origem.

Está visto que a crise de fundo brasileira não se esgota nesses pontos aflorados. Ocorre apenas que a *crise* da Nação — ou melhor: dos projetos de nação elaborados até aqui, e das suas *subcrises*, como a da concepção de cultura e civilização brasileiras — se apresenta mais visivelmente como desafio à reflexão dos movimentos negros que a de outros. Pois bem diante dela, esses movimentos poderiam se manter alheios (de fato, enganosamente alheios), e isolar-se, acabando por sucumbir; ou poderiam, ao contrário, se colocar no seu epicentro, inserindo-se nele e, ao contribuir para sua superação, superar-se também. Na verdade, existem as duas tendências no interior dos movimentos negros.

Desse segundo ponto de vista (que já se viu é o nosso) podemos ensaiar uma redefinição do que sejam movimentos negros na atualidade brasileira. Serão todas as entidades, de qualquer natureza, e todas as ações, de *qualquer tipo* (mesmo as que visavam à autodefesa física e cultural do negro), fundadas e promovidas por *pretos* e *negros*. (Utilizo *preto*, nesse contexto, como aquele indivíduo *que é percebido como tal* pelo outro; e *negro* como *aquele que se percebe a si como tal*). Entidades religiosas, assistenciais, recreativas, artísticas, culturais e políticas, ações de mobilização política, de protesto antidiscriminatório, de aquilombamento, de rebeldia armada, de movimentos artísticos e "folclóricos"— toda essa complexa dinâmica, ostensiva ou encoberta, extemporânea ou cotidiana, constitui, em nossa definição renovada, os movimentos negros.

A outra definição, excludente, pressupõe que essa rica dinâmica deva convergir para o "patamar superior" da luta organizada contra o racismo, a travar-se no interior do jogo político institucional ou fora dele. Mesmo admitindo a inevitabilidade do jogo político, estamos diante do que alguém chamou "chantagem do maquiavelismo ocidental" que, hierarquizando as ações sociais, estigmatiza como *alienadas* e *inferiores* as que não são explicitamente políticas, e como inconsequentes as que parecem não acumular energia política. As estratégias decorrentes dessa definição restrita de movimento negro vão, por isso mesmo, do oportunismo conservador ("ocupar qualquer espaço de pode concedido ao negro") até à proposta de "poder negro", inviável e de tendência fascista.

De qualquer jeito, estamos diante de uma pesada impotência: a de visualizar a crise contemporânea e brasileira desde fora do bojo da cultura hegemônica no processo civilizatório mundial. Presos à definição restrita de movimento negro, seus protagonistas se movem em círculo, saltando de uma para outra concepção político-ideológica do universo político visível. Ora, é precisamente a incapacidade de ampliar esse universo, cujas possibilidades se esgotaram, uma a uma, como estrelas que implodem, que constitui na atualidade o cerne da crise mundial e, por reflexo, brasileira.

As concepções político-ideológicas à disposição nesse universo visível assentam todos, com efeito, nos mesmos pressupostos fartamente conhecidos. Desde um "fascismo amistoso", passando pelos conservadorismo e liberalismos de centro-direita, centro e centro-esquerda, pela democracia cristã, pelo trabalhismo e populismo de diversas extrações, até os "marxismos", também de variada coloração — sem falar nas combinações livres de algumas delas —, temos na América Latina amostras de tudo o que a cultura política pode produzir. O que algumas lideranças e intelectuais dos movimentos sociais acabam por descobrir, cedo ou tarde (e não foi diferente com os dos movimentos negros) é que os sentidos, elaborados na etapa do supremacismo colonial europeu, são idênticos e invariavelmente impotentes para solucionar o que quer que seja.

Mas será possível, de alguma maneira, visualizar as crises contemporânea e brasileira *desde fora* da cultura hegemônica em nosso processo de civilização? E no caso de ser possível esse exercício teórico, como deduzir dele as estratégias eficazes de superação daquelas *crises* (e enfim da crise dos próprios movimentos negros)?

Aludimos a certa altura ao *confinamento* e *liquidação* de culturas social e politicamente não-hegemônicas. Foi parcialmente o caso do Brasil, onde diversas culturas e criptocivilizações se fundiram sob pressão do escravismo (o que aliás aconteceria também com as culturas indígenas). Essa monumental compressão é que gerou o que chamamos *cultura popular brasileira*, acabada de formar pela contribuição de fragmentos de culturas indígenas, europeias e asiáticas. As culturas *negro-brasileiras*, no entanto, pelas razões conhecidas, permaneceram como seu núcleo pesado. Aquela é que está por toda a parte — com maior ou menor teor de negritude, por assim dizer —, contrapondo-se às maneiras de organizar o *real* privativa das elites. Naturalmente, do ponto de vista dessas últimas, cultura são apenas as suas maneiras, não passando as do povo de manifestações folclóricas.

Ora, se há uma possibilidade de visualizar a crise e suas saídas *desde fora* do seu *campo de força* é se colocando no ângulo de visão da *cultura popular* e mais precisamente do seu núcleo pesado — as *culturas negro-brasileiras*. Não é fácil, porém, localizar este núcleo pesado da cultura popular brasileira. Não o era mesmo no passado, quando a comunidade negra permanecia relativamente segregada e constituía a quase totalidade da população.

Sintomaticamente, um bom número de instituições acadêmicas se dedica hoje à pesquisa das "culturas negras", mas o seu objeto, fluido e em permanente interação com outros, submetido além disso a incessante disputa pela hegemonia, parece sempre escapar. Ela seria, para começar, uma *cultura de sedução* — do canto, da dança, dos sentidos, da oralidade, da comunhão com o outro e com o sobrenatural, de *brotherhood* como dizem os antropólogos americanos.

Os cultos afrobrasileiros, sobretudo o candomblé jêje-nagô, por conservarem relativamente inteiras uma visão de mundo e uma teogonia africanas, ocupam o primeiro plano dessa imagem que a inteligência negra busca construir, difundindo-se, a partir da Bahia, até mesmo no exterior. Ela se essencializa em Exu — o que tudo assimila, tudo comunga, o multiforme, o amoral, o que abre caminhos, o mensageiro entre deuses e homens, aquele que "acertou ontem uma pedra que só hoje atirou".

As culturas negro-brasileiras se expressariam de muitas formas, em diversos contextos — na escola de samba carioca, nos folguedos rurais, nas seitas afro, na literatura oral e assim por diante — permanecendo, no entanto, igual a si mesma. (Advirto, ainda uma vez, que não se trata aqui de um desenho antropológico dessas culturas, sobre a qual existe, aliás, farta bibliografia; trata-se dessas culturas na visão de um movimento social).

Em conclusão, é do ponto de vista dessas culturas negro-brasileiras (desde fora, portanto, da cultura hegemônica) que talvez se possa visualizar a *crise brasileira*. No entretanto, como podem as lideranças e intelectuais negros se situar no interior daquela cultura se a sua posição de comando resulta precisamente de internalizarem os sentidos, símbolos e significados das elites? Não há resposta pronta a essa pergunta, mas o esforço em sua direção alcançará, mais cedo ou mais tarde, algum resultado.

Tal esforço começa por corrigir, como já se disse, a definição de movimento negro: ele não é mais visto como "vanguarda politizada" em cuja órbita deva girar o conjunto da "raça negra". Não se trata também de dar resposta político-ideológica à crise brasileira — isto seria permanecer ainda no interior do espectro "maquiavélico" da civilização ocidental. Trata-se de contrapor ao conjunto de concepções político-ideológicas à disposição, um outro conjunto, estruturado sobre outros sentidos, princípios e valores.

Serve de exemplo a ideia de nação — embora a questão não se limite a essa. Em qualquer faixa do espectro visível, ela obedece o modelo patriarcal-escravista (a nação brasileira como grande família em que todos têm o seu lugar assegurado e fixo). As culturas negro-brasileiras, ao que tudo indica, oferecem outro modelo: o da família alargada, em que a iyá (tia), para usar o termo nagô, ocupa o centro e, na qual a agregação de parentes se faz de preferência por adoção e não por consanguinidade, havendo poucos papéis prévios e lugares fixos. Muitos intelectuais negros parecem convencidos, na atualidade, de que essa família extensa e aberta possa se contrapor à que serviu de matriz para a concepção de sociedade brasileira.

A segunda questão que propusemos é de ordem estratégica. Como deduzir dessa descoberta (a saber: a possibilidade de visualizar a *crise brasileira* do ângulo das culturas negro-brasileiras) linhas de ação para erradicar o racismo de nosso país? Uma sugestão provisória é a de que os movimentos negros deviam funcionar como ponte entre a dinâmica negra e o processo político-ideológico brasileiro, entre o preto (entendido como lugar social) e o negro (entendido como o preto assumido da sua "condição racial").

As saídas da *crise brasileira* estão encobertas para os que a visualizam *desde dentro* da cultura hegemônica no processo civilizatório brasileiro; mas não o estão para um movimento étnico e social, no sentido amplo. No sentido amplo, quer dizer: que se confunda com as próprias e múltiplas manifestações das culturas negro-brasileiros, acrescentando-lhes, aqui sim *desde dentro*, o fermento da consciência disso que chamei *crise* mundial e brasileira.

cadernos ultramares